## 30 x 90 MINUTEN

Regine Rompa

# Philosophie Ethik

## Fertige Stundenbilder für Highlights zwischendurch

Klasse 7–10

Verlag an der Ruhr

# Impressum

**Titel**
30 x 90 Minuten Philosophie/Ethik
Fertige Stundenbilder für Highlights zwischendurch. Klasse 7 – 10

**Autorin**
Regine Rompa

**Titelbildmotiv**
© Frekja-/photocase.com

**Illustrationen**
Magnus Siemens u. a.

**Verlag an der Ruhr**
Mülheim an der Ruhr
www.verlagruhr.de

Geeignet für die Klassen 7 – 10

**Unser Beitrag zum Umweltschutz:**
Wir sind seit 2008 ein ÖKOPROFIT®-Betrieb und setzen uns damit aktiv für den Umweltschutz ein. Das ÖKOPROFIT®-Projekt unterstützt Betriebe dabei, die Umwelt durch nachhaltiges Wirtschaften zu entlasten. Unsere Produkte sind grundsätzlich auf chlorfrei gebleichtes und nach Umweltschutzstandards zertifiziertes Papier gedruckt.

**© Verlag an der Ruhr 2014**
**ISBN 978-3-8346-2525-0**

**Printed in Germany**

# Inhalt

Vorwort .................................................................. 4

## Einführungen

1 | Was ist Philosophie? ......................................... 6
2 | Was ist Ethik? ................................................. 12
3 | Logik – Werkzeug der Philosophie ........................ 16

## Die Welt

4 | „Matrix" und Platons Höhlengleichnis ................... 20
5 | Realität und Wirklichkeit .................................... 24
6 | Verantwortung für Umwelt und Natur ................... 27

## Der Mensch

7 | Cogito ergo sum .............................................. 32
8 | Der Unterschied Mensch – Maschine .................... 36
9 | Der Unterschied Mensch – Tier ........................... 40
10 | Sind wir frei, zu tun und zu wollen, was wir wollen? ... 44
11 | Was bedeutet gutes Handeln? ........................... 48
12 | Altern in verschiedenen Kulturen ....................... 52

## Ich und die anderen

13 | Freundschaft ................................................ 58
14 | Liebe und die Kugelmenschen ........................... 62
15 | Cybermobbing ............................................... 66
16 | Konflikten vorbeugen ...................................... 70
17 | Entwicklungshilfe ........................................... 73
18 | Gerechter Krieg? ........................................... 76
19 | Utilitarismus ................................................. 79
20 | Tiere essen? ................................................. 83

## Die Gesellschaft

21 | Hobbes: Leviathan .......................................... 88
22 | Rousseau: Gesellschaftsvertrag ......................... 91
23 | Spieltheorie ................................................. 95
24 | Warum arbeiten? ............................................ 98
25 | Work-Life-Balance .......................................... 101
26 | Ökonomie und Ökologie ................................... 104

## Der Sinn des Lebens

27 | Glück als Sinn? ............................................. 108
28 | Religionen – Gott als Antwort? .......................... 112
39 | Moral und Pflicht? .......................................... 115
30 | Zur Freiheit verurteilt ..................................... 118

## Anhang

Lösungen ............................................................ 122
Bildnachweise ..................................................... 143
Medientipps ........................................................ 144

# Vorwort

Die eigene Person, die anderen sowie das Leben und dessen Möglichkeiten sind Themen, die Jugendliche an der Schwelle zum Erwachsenwerden von jeher besonders interessieren. Der **Philosophie- und Ethikunterricht** an den Schulen zielt im Wesentlichen darauf ab, den Schülern* dafür bestimmte Werte zu vermitteln. Vor allem soll er ihnen jedoch das Rüstzeug anbieten, das sie brauchen, um Situationen, die ihnen begegnen, eigenständig zu reflektieren, logisch zu durchdenken und daraus ggf. Bewertungen und Entscheidungen selbst abzuleiten.

Doch die **Stundengestaltung** ist, wenn es um die großen Themen des Lebens geht, nicht immer einfach. Komplexe Inhalte müssen mit einer sinnvollen Didaktik so verbunden werden, dass sich ein rundes Bild ergibt – und das sollte dann auch noch in jeweils genau 45 bzw. 90 Minuten erfolgen. In der Praxis oft eine echte Herausforderung!
Hier setzt dieses Buch an: Es enthält 30 in sich geschlossene, komplett fertige Unterrichtsdoppelstunden zu wichtigen Philosophie-/Ethik-Lehrplanthemen der Sekundarstufe I. Jedes Thema besteht aus Lehrerhinweisen mit fertigen Stundenentwürfen und dazugehörigen Arbeitsblättern als Kopiervorlagen. Lösungen zu den Arbeitsblättern sind am Ende des Materials abgedruckt. Zur einfacheren Handhabung werden die 30 Themen in sechs zentrale Themenfelder gegliedert.

Im Themenbereich **„Einführungen"** werden zunächst drei Stunden angeboten, die es den Schülern ermöglichen, das neue Fach kennenzulernen und richtig in ihren bestehenden Fächerkanon einzuordnen.
Anschließend geht es im Themenfeld **„Die Welt"** um Stunden, die u. a. einen ersten Einblick in die Erkenntnistheorie geben und dazu aufgreifen, was uns im Alltag die ganze Zeit umgibt.

Im dritten Teilfeld **„Der Mensch"** fällt der Blick darauf, was Individuen sind – z. B. dadurch, dass die Schüler den Menschen bei einer Stunde zur Philosophie der künstlichen Intelligenz von einem Computer abgrenzen, der so gebaut wurde, dass er dem Menschen täuschend ähnlich sein soll. Ist er das tatsächlich und was genau macht den Menschen überhaupt menschlich?
Darauf folgt das Themenfeld **„Ich und die anderen"**, in dem es um zwischenmenschliche Beziehungen verschiedener Art geht. Bei einer Stunde zum Thema „Liebe" wird beispielsweise die erst in jüngster Zeit (u. a. durch Richard David Precht) populär gewordene Schnittstelle zwischen Neurobiologie und Philosophie erarbeitet.
Als vorletzter Themenbereich rückt **„Die Gesellschaft"** ins Blickfeld. U. a. geht es in einer Stunde um den Begriff der „Work-Life-Balance": Ist Arbeit in unserer Gesellschaft kein Teil des Lebens mehr? Wie kann sie dann aber mit diesem ausbalanciert werden?
Mit dem Kapitel **„Der Sinn des Lebens"** schließt das Material, in dem den Schülern u. a. Sartre begegnet, der ihnen ihre Freiheit, sich immer wieder neu zu bestimmen und bestimmen zu müssen, bewusst macht.

Die einzelnen Themen sind mit **ausführlichen Lehrerhinweisen** ergänzt und **didaktisch abwechslungsreich aufbereitet**. Dadurch haben sie das Potenzial, die Augen für das zu öffnen, was Philosophie eigentlich bedeutet: Liebe zur Weisheit. Ziel des Bandes ist es, diese bei den Schülern zu fördern.

*Regine Rompa*

* Aus Gründen der besseren Lesbarkeit haben wir in diesem Buch durchgehend die männliche Form verwendet. Natürlich sind damit auch immer Frauen und Mädchen gemeint, also Lehrerinnen, Schülerinnen etc.

# Einführungen

# Was ist Philosophie?

Diese Stunde eignet sich, um Schülern die **Themenbereiche der Philosophie** strukturiert nahezubringen. Das ist insbesondere wichtig, da die meisten Schüler die Fragen und Inhalte der Philosophie vorab nicht kennen. Das kommt u. a. daher, dass der Begriff „Philosophie" im Alltag oft für Dinge verwendet wird, die im eigentlichen Sinn nichts mit der ursprünglichen Bedeutung zu tun haben, z. B. in Begriffen wie „Unternehmensphilosophie" oder in Redensarten wie „Das ist eben meine Philosophie" usw.
„Philosophie" bedeutet „Liebe zur Weisheit" und gliedert sich in die Bereiche „theoretische Philosophie" und „praktische Philosophie". Zur **theoretischen Philosophie** gehören u. a. die Logik, Erkenntnis- und Wissenschaftstheorie sowie Metaphysik. Die **praktische Philosophie** bilden u. a. Ethik, Metaethik und politische Philosophie.

## Die vier kantischen Fragen

Die Bereiche, mit denen sich die Philosophie im Rahmen dieser Gliederung beschäftigt, lassen sich nur schwer eingrenzen. Bekannt geworden ist Immanuel Kants (1724–1804) Aufteilung **in vier übergeordnete Fragengebiete der Philosophie** (Kritik der reinen Vernunft II 2.2):

1. Was kann ich wissen? (Metaphysik)
2. Was soll ich tun? (Ethik)
3. Was darf ich hoffen? (Religion)
4. Was ist der Mensch? (Anthropologie)

## ◎ Klassenstufe

ab Klasse 7/8

## ◎ Kompetenzerwartungen

1. Die Schüler erlangen ein strukturiertes Verständnis von den Bereichen, mit denen sich die Philosophie beschäftigt, und prägen sich diese Bereiche ein.

2. Die Schüler können philosophische Fragestellungen erkennen und in die jeweiligen Bereiche einordnen.

## ◎ Material

☐ 1 Wachskerze   ☐ 1 Feuerzeug oder Streichholzschachtel   ☐ 1 Schere pro 2 Schüler   ☐ die Arbeitsblätter „Spielkarten – Philosophische Drei im halben Klassensatz   ☐ Die Folienvorlage auf Folie

## ◎ Stundenverlauf

### Einstieg

Stellen Sie die Kerze vor sich auf den Tisch. Lesen Sie dann langsam den Auszug aus den „Meditationen" von René Descartes (1596 – 1650) vor, den Sie auf der Folienvorlage 1 finden („Das kartesische Wachsbeispiel", S. 8). Führen Sie die Handlungen, die Sie vorlesen, zum leichteren Verständnis an der Kerze durch und zünden Sie die Kerze an, während Sie „während ich spreche, wird es dem Feuer genähert" lesen. Fordern Sie die Schüler anschließend dazu auf, zu erklären, was „Wachs" ist („*Was also ist das Wachs?*" Oder „*Beschreibt, was Wachs ist.*"). Hinterfragen Sie die Antworten, bis den Schülern klar wird, dass sich Körper nicht hinreichend über unsere Sinne beschreiben lassen (z. B. kann Wachs kalt oder warm, flüssig oder fest sein und alle möglichen Formen annehmen. All diese Eigenschaften sagen also nichts darüber aus, was Wachs eigentlich ist). Fassen Sie das Ergebnis zusammen: „*Wir haben im Alltag mit vielen Körpern zu tun, von denen wir gar nicht wissen, was sie sind. Die Philosophie befasst sich damit, was die Dinge eigentlich sind, was die Welt um uns herum ist, wer wir sind und wie wir sein sollen. Sie schaut also hinter die offensichtlichen und alltäglichen Bedeutungen der Dinge. Philosophie bedeutet übersetzt „Liebe zur Weisheit".*

### Erarbeitung/Sicherung

Teilen Sie den Schülern mit, dass sie im Folgenden das Spiel „Philosophische Drei" spielen dürfen, in dem sie mehr über die verschiedenen Bereiche und typische Fragestellungen der Philosophie erfahren. Fordern Sie die Jugendlichen dazu auf, 2er-Gruppen zu bilden. Teilen Sie die „Spielkarten – Philosophische Drei" (S. 9/10) sowie ggf. pro Paar eine Schere aus. (Möglicher Arbeitsauftrag:

„Ihr erfahrt in dieser Doppelstunde mehr darüber, was Philosophie ist, welche Bereiche und wichtige Fragestellungen dazu gehören. Hierzu dürft ihr zunächst das Spiel „Philosophische Drei" spielen. Bildet 2er-Gruppen. Ich teile euch jetzt Spielkarten und Anleitung aus. Schneidet die Karten aus und spielt dann das Spiel. Achtung: Bleibt dabei ruhig, damit niemand gestört wird.") Lesen Sie die Spielanleitung vor (Sie können diese auch über den OHP zeigen bzw. kopieren und jedem Paar austeilen). Lassen Sie die Schüler bis zur Pause eigenständig spielen. Blasen Sie am Ende der Stunde die Kerze aus.

Kündigen Sie nach der Pause an: „Wir führen jetzt eine Bildmeditation durch. Dabei könnt ihr das im Spiel Erlernte noch einmal für euch strukturieren. Betrachtet das Bild, das ich euch jetzt zeige, ganz genau und versucht, es zu verstehen. Geht in Gedanken einen Weg eurer Wahl entlang und denkt über die Fragen nach, die euch begegnen. Dafür herrscht fünf Minuten absolute Stille. Ab JETZT!". Legen Sie dann die Folienvorlage „Übersicht über die wichtigsten Bereiche der Philosophie", S. 11, zur Übersicht über die Disziplinen der Philosophie auf.

Lassen Sie die Schüler nach Ablauf der fünf Minuten zunächst schildern, auf welchen Wegen sie die meiste Zeit verbracht haben und worüber sie nachgedacht haben. Sammeln Sie mehrere Antworten und lassen Sie die Schüler ihre Auswahl begründen. Klären Sie anhand dieser Begründungen noch einmal alle Begriffe, die den Schülern nun bereits aus dem Spiel bekannt sein sollten („Warum hast du dich gerade für den Weg ‚Ethik' entschieden? Womit beschäftigt sich denn die Ethik? Was findest du daran interessant?"). Fordern Sie sie dann dazu auf, zu jedem Bereich zwei weitere passende Fragestellungen niederzuschreiben. Geben Sie dafür zehn Minuten Zeit. Besprechen Sie anschließend die Ergebnisse und schreiben Sie richtige Fragen in die Steine auf der Folie. Lassen Sie die Schüler abschließend die gemeinsam bearbeitete Folie ins Heft abzeichnen.

## Transfer/Reflexion

Geben Sie am Ende der Stunde folgende Hausaufgabe auf: „Sucht euch eine philosophische Frage eurer Wahl aus und erörtert sie schriftlich im Heft: Sucht nach möglichen Antworten und bewertet sie." Mit den Ergebnissen können Sie in der folgenden Stunde z. B. die Bereiche wiederholen oder in ein konkretes Thema anhand der Fragestellung eines Schülers einsteigen.

## ◎ Tipp

In Klassen mit wenig Vorkenntnissen empfiehlt es sich, das kartesische Wachsbeispiel nicht vorzulesen, sondern gemeinsam durchzuführen. So fallen Schwierigkeiten mit der Sprache Descartes' weg und die Schüler können sich ganz auf den Inhalt konzentrieren. Fordern Sie dazu auf, die Kerze zu beschreiben. („Ich habe euch etwas Wachs mitgebracht. Beschreibt mir bitte so genau wie möglich, was Wachs ist.") Zu erwarten sind z. B. Antworten,

**a)** … die sich auf die Form beziehen.
➡ Zünden Sie die Kerze an und fragen Sie, ob die Form feststehend und somit zur Definition von „Kerze" geeignet ist.

**b)** … die sich auf das Material beziehen.
➡ Zünden Sie die Kerze an und fragen Sie, ob das Wachs jetzt „verloren geht" oder was damit passiert.

**c)** … die sich auf die Konsistenz beziehen.
➡ Zünden Sie die Kerze an. („Ist sie jetzt immer noch fest?")

**d)** … die sich auf den Geruch beziehen.
➡ Zünden Sie die Kerze an. („Riecht sie noch genauso?")

Fassen Sie dann wie oben beschrieben das Ergebnis zusammen.

## ◎ Das kartesische Wachsbeispiel

Nehmen wir z.B. dieses Wachs. Es ist erst vor Kurzem aus dem Honigkuchen ausgeschmolzen worden; es hat noch nicht allen Honiggeschmack verloren und hat noch etwas von dem Geruch der Blumen, aus denen es gesogen worden. Seine Farbe, Gestalt, Grösse ist offenbar; es ist hart, kalt, leicht zu greifen und giebt, wenn man es pocht, einen Ton von sich. Alles ist mithin an ihm vorhanden, was nöthig scheint, um einen Körper auf das bestimmteste zu erkennen. Aber siehe, während ich spreche, wird es dem Feuer genähert; die Reste des Wohlgeschmacks verlöschen; der Geruch verschwindet; die Farbe verändert sich; die Grösse nimmt zu; es wird flüssig, warm, kann kaum noch berührt werden und giebt, geschlagen, keinen Ton mehr von sich.

- ⊙ Ist dies noch dasselbe Wachs geblieben?
- ⊙ Es ist geblieben; man muss es zugeben; Niemand leugnet es, niemand ist anderer Meinung.
- ⊙ Was also war es in ihm, was man so bestimmt erfasste? – Sicherlich nichts von dem, was man durch die Sinne erreichte; denn alles, was unter den Geschmack, den Geruch, das Gesicht, das Gefühl oder das Gehör fiel, hat sich verändert; nur das Wachs ist geblieben.

(Quelle: René Descartes' philosophische Werke. Abteilung 2, Berlin 1870, S. 25–39)

---

## ◎ Spielanleitung – Philosophische Drei *(für 2 Spieler)*

### Spielanleitung

Mischt die Karten und legt sie verdeckt auf dem Tisch aus. Der jüngere Spieler beginnt und deckt drei Karten seiner Wahl auf. Zunächst liest er die Texte auf den Karten vor. Wenn es sich dabei um einen Bereich der Philosophie (z.B. Ethik), die dazu passende Beschreibung (z.B. „Befasst sich damit, welche Handlungen moralisch sind") und die passende Beispiel-Fragestellung (z.B. „Müssen wir armen Menschen aus Entwicklungsländern helfen oder ist das freiwillig?") handelt, darf der Spieler die drei Karten behalten. Wenn die drei Karten nicht alle zusammengehören, legt er sie verdeckt zurück. Der nächste Spieler ist an der Reihe und darf drei Karten aufdecken. Gewonnen hat, wer am Schluss die meisten Karten gesammelt hat.

### Tipp

Ob ein 3er-Paar zusammengehört, erkennt ihr daran, dass unten auf den Karten die gleichen Zahlen (z.B. 3 mal die Zahl 1) abgebildet sind.

### Variation

Nach dem ersten Spiel habt ihr euch sicher eingeprägt, welche Bereiche, Definitionen und Fragestellungen zusammengehören. Indem ihr die Zahlen dann mit einem selbstklebenden Zettel verdeckt, erschwert ihr das Spiel. Im Zweifelsfall könnt ihr das Papier abziehen und darunter nachsehen.

# Spielkarten – Philosophische Drei *(für 2 Spieler)*

Bereich:

**Ethik**

1

Bereich:

**Metaethik**

2

Bereich:

**Politische Philosophie**

3

Bereich:

**Logik**

4

Bereich:

**Erkenntnis- theorie**

5

Bereich:

**Metaphysik**

6

Beschreibung:

Befasst sich damit, welche Handlungen moralisch sind

1

Beschreibung:

Befasst sich damit, was das Moralische selbst ist

2

Beschreibung:

Befasst sich u. a. damit, wie ein Staat aufgebaut sein muss, damit er für seine Bürger gerecht ist, und mit allen philosophischen Fragen rund um die Politik

3

© Verlag an der Ruhr | Autorin: Regine Rompa | ISBN 978-3-8346-2525-0 | www.verlagruhr.de | 30 x 90 Minuten | **Philosophie/Ethik**

# Spielkarten – Philosophische Drei *(für 2 Spieler)*

## Beschreibung:

Befasst sich u. a. damit,
wann eine Schlussfolgerung
korrekt oder eine Aussage
wahr ist

## Beschreibung:

Befasst sich u. a. damit, wie
und ob wir wissen können,
dass etwas oder jemand ist

## Beschreibung:

Befasst sich mit den „letzten
Fragen", die bleiben, wenn
man alles in Frage stellt,
also den letzten Ursachen
und Prinzipien der Welt

## Beispiel-Fragestellung:

Müssen wir armen
Menschen aus Entwicklungsländern helfen oder
ist das freiwillig?

## Beispiel-Fragestellung:

Was ist das Gute?

## Beispiel-Fragestellung:

Wann ist staatliche Gewalt
gerechtfertigt?

## Beispiel-Fragestellung:

Wenn alle Sus dus sind
und Mus ist Sus,
ist Mus dann dus?

## Beispiel-Fragestellung:

Woher weiß ich,
dass die Welt real ist und
nicht nur ein Traum?

## Beispiel-Fragestellung:

Warum gibt es die Welt?

30 x 90 Minuten | **Philosophie/Ethik** | © Verlag an der Ruhr | Autorin: Regine Rompa | ISBN 978-3-8346-2525-0 | www.verlagruhr.de

# Übersicht über die wichtigsten Bereiche der Philosophie

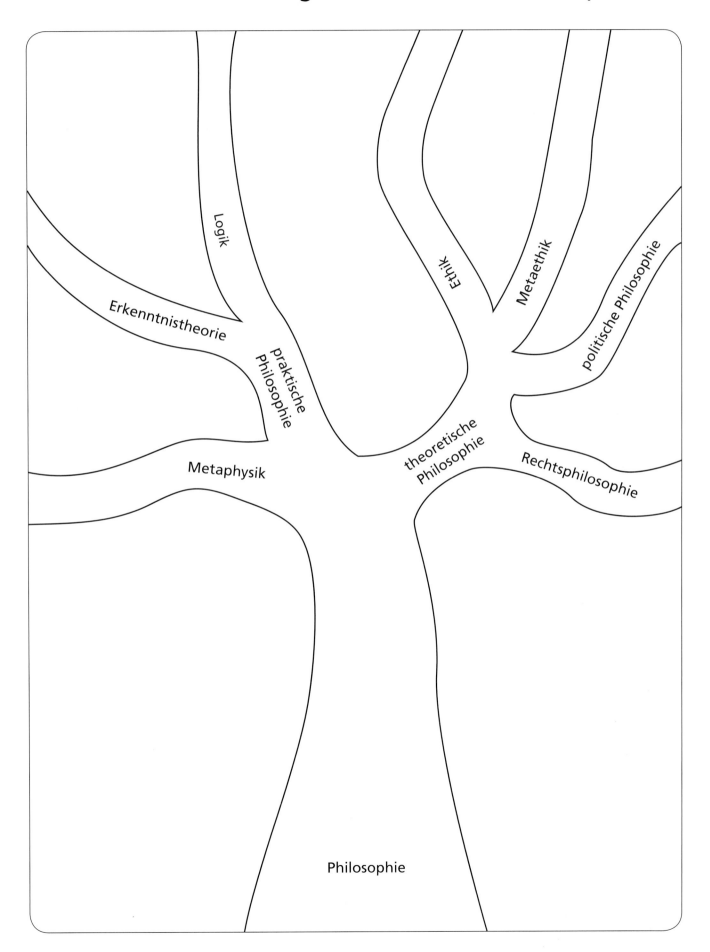

# Was ist Ethik?

Ethik ist der Bereich der praktischen Philosophie, dessen Gegenstand die **Moral** bzw. die **moralische Handlung** und das **moralische Urteil** ist. Sie birgt dadurch eine immense Themenvielfalt, die im Alltag relevant ist. Denn jeder Mensch stößt auf moralische Fragen: Ist es z. B. moralisch in Ordnung, eine Notlüge zu benutzen, um jemanden nicht zu verletzen, zu schützen, oder auch nur, weil es bequem ist? Da ethische Fragestellungen alle Menschen betreffen, gibt es viele Meinungen dazu. Die Ethik nimmt jedoch nicht einfach Meinungen auf, sondern sucht nach **gültigen Kriterien und Maßstäben,** anhand derer ethische Fragestellungen mit Begründungen beantwortet und bewertet werden können sowie nach Methoden, die zu diesen Kriterien und Maßstäben führen.

### Bereiche der Ethik

Die Ethik teilt sich in verschiedene Bereiche: Die **normative Ethik** befasst sich mit den Kriterien, die Menschen bei der Beantwortung moralischer Fragestellungen zugrunde legen. Die Ethik nimmt diese auf und stellt dazu Normen auf, die begründen, welche Handlungen gut und welche schlecht sind – z. B. *„Es ist moralisch falsch, zu lügen, weil …"*. Die Auswahl der Kriterien, die zu dieser Norm führen, verrät dabei meist eine bestimmte normativ-ethische Position, z. B. *„… weil es so in der Bibel steht."* ➡ religiöse Position oder *„… weil es dem Belogenen mehr Schmerz zufügt als dir Freude."* ➡ utilitaristische Position oder *„… weil du deine Lüge später vergessen und dich dann verraten könntest, was dir nur selbst schadet."* ➡ egoistische Position etc.
Die **Metaethik** hinterfragt die Methoden, die zu diesen normativ-ethischen Kriterien führen, befasst sich also mit moralischen Urteilen statt mit Handlungen – z. B. damit, wie für das Urteil *„Es ist moralisch falsch, zu lügen, weil …"* argumentiert wird und ob sich diese Argumentation als moralisch richtig rechtfertigen lässt (z. B. *„Hat der Fakt, dass in der Bibel steht, dass man nicht lügen soll, überhaupt eine moralische Relevanz?"*). Sie fragt auch allgemein danach, wie sich moralische Wertungen überhaupt gültig begründen lassen.

## ◎ Klassenstufe

ab Klasse 7

## ◎ Kompetenzerwartungen

1. Die Schüler wissen, womit sich die Ethik beschäftigt.

2. Die Schüler kennen exemplarische ethische Fragestellungen und können verschiedenen ethischen Argumentationen folgen.

3. Die Schüler können eigene ethische Fragestellungen formulieren.

## ◎ Material

☐ 1 Stoppuhr  ☐ 1 Hut  ☐ 1 Klassensatz kleine linierte Zettel  ☐ 1 großes Plakat (mindestens DIN A2) mit der Überschrift „Das Thema der Ethik ist die Moral"  ☐ die Arbeitsblätter „Gewissenskonflikt zwischen Engelchen und Teufelchen" (S. 14) „Ethik-Wissen" (S. 15) als Klassensatz  ☐ Klebeband

## ◎ Stundenverlauf

### Einstieg

Teilen Sie das Arbeitsblatt 1 („Gewissenskonflikt zwischen Engelchen und Teufelchen", S. 14), aus. Zum Einstieg lösen Sie gemeinsam mit den Schülern Aufgabe 1. Fordern Sie die Schüler z. B. auf: *„Auf dem Bild ist ein Kind in einem Gewissenskonflikt abgebildet. Was meint ihr, in welcher Situation der Junge sein könnte?"* Sammeln Sie verschiedene Antworten. Achten Sie darauf, dass es sich um Situationen mit einem Gewissenskonflikt handelt (keine Beispiele wie: *„Soll ich die leckere Schokolade essen oder nicht?"*), da sie sonst nicht ethisch relevant sind. Verweisen Sie ansonsten z. B. auf die Überschrift. Erwartungsgemäß werden Situationen genannt, denen gemeinsam ist, dass der Junge nicht weiß, wie er handeln soll. Dabei gibt es eine „gute" und eine „schlechte" Handlungsmöglichkeit, die durch Engel bzw. Teufel repräsentiert werden. Dies sollte bei allen

Antworten auf jeden Fall gegeben sein (z. B. weiß das Kind vielleicht nicht, ob es die Hausaufgaben abschreiben soll oder nicht: Zwar wäre es dann schneller damit fertig, doch es würde auch betrügen, indem es vorgibt, etwas erledigt zu haben, das es nicht erledigt hat). Abschließend dürfen sich die Schüler jeweils auf eine Situation festlegen und die Sprechblasen ausfüllen: *„Sucht euch jetzt eine der genannten Situationen aus. Schreibt in die Sprechblasen, was Engelchen und Teufelchen dem Jungen raten."* Lassen Sie abschließend einige Beispiele vorlesen.

### *Erarbeitung/Sicherung*

Fordern Sie die Schüler dazu auf, 3er-Gruppen zu bilden und Aufgabe 2 zu bearbeiten. Kündigen Sie dabei an, für jede gespielte Szene mit der Stoppuhr eine Minute zu stoppen. In dieser Zeit versuchen Engelchen und Teufelchen, den in der Mitte sitzenden Schüler mit Argumenten auf ihre jeweilige Seite zu ziehen. Nach Ablauf dieser Zeit muss sich der Schüler entscheiden: Er teilt mit, wie er handeln würde, und begründet seine Entscheidung. Nachdem alle drei Szenen gespielt wurden, sollen die Schüler in Stillarbeit Aufgabe 3 bearbeiten. Besprechen Sie zum Abschluss der ersten Stunde die Ergebnisse. Fragen Sie dabei danach, ob die jeweiligen Entscheidungen moralisch gesehen „gut" oder „schlecht" waren, und holen Sie Begründungen ein.

Teilen Sie nach der Pause die linierten Zettel aus: *„Beantwortet auf den Zetteln folgende Fragen: Wann ist eine Handlung moralisch gut? Wann ist sie moralisch schlecht? Denkt gut darüber nach!"* Geben Sie dafür fünf Minuten Zeit. Sammeln Sie anschließend die Zettel im Hut ein. Fordern Sie die Schüler daraufhin zur Beurteilung der Antworten auf: *„Zieht nun je einen Zettel aus dem Hut. Überlegt genau, ob die Antwort, die ihr gezogen habt, korrekt ist. Begründet eure Meinung im Heft."* Geben Sie wieder ca. fünf Minuten Zeit. Jeder Schüler darf den gezogenen Zettel und seine Meinung dazu vorlesen. Unterstützen Sie, wenn die Begründung nicht ausreichend ist. Im Anschluss dürfen die Schüler jeweils aufstehen und den Zettel mit dem Klebeband auf dem Plakat befestigen. Betrachten Sie zum Abschluss der Übung gemeinsam das entstandene Plakat und lesen Sie dazu die Überschrift vor. Fassen Sie zusammen: *„Ethik beschäftigt sich also z. B. damit, ob eine Handlung moralisch gut oder schlecht ist."* Schließen Sie: *„Mehr über die Ethik und ihre Fragestellungen erfahrt ihr jetzt auf dem zweiten Arbeitsblatt."*

### ◎ Transfer/Reflexion

Teilen Sie das zweite Arbeitsblatt („Ethik-Wissen", S. 15) aus. Fordern Sie die Schüler dazu auf, die Aufgaben in Stillarbeit oder leise mit einem Partner zu bearbeiten. Diskutieren Sie abschließend die Ergebnisse in der Klasse.

# Gewissenskonflikt zwischen Engelchen und Teufelchen

## ◎ Gewissensentscheidungen

1. **Auf dem obigen Bild kämpft ein Junge mit seinem Gewissen. Überlege, um welche Situation es sich handeln könnte. Schreibe in die Sprechblasen, was Engelchen und Teufelchen ihm raten könnten.**

2. **Bildet 3er-Gruppen und spielt eure in Aufgabe 1 geschriebenen Szenen nach. Engelchen und Teufelchen dürfen natürlich noch weitere Argumente für ihre jeweiligen Seiten anbringen. Der Jugendliche spricht während der Szene nicht, sondern entscheidet sich erst danach für eine Handlung. Wechselt bei jeder neuen Szene die Rollen.**

3. **Lege eine Tabelle wie unten auf einem Extrablatt an. Schreibe hinein, wie sich das Kind in jeder eurer Szenen entschieden hat. Notiere dazu aus dem Gedächtnis die wichtigsten Argumente dafür und dagegen.**

| | Situation | Argumente „Engel" | Argumente „Teufel" | Entscheidung |
|---|---|---|---|---|
| 1. | | | | |
| 2. | | | | |
| 3. | | | | |

# Ethik-Wissen

## *Ethik-Suchsel*

| B | E | G | R | Ü | N | D | U | N | G | E | N |
|---|---|---|---|---|---|---|---|---|---|---|---|
| A | B | C | D | E | F | G | H | I | J | K | L |
| H | E | D | V | C | X | A | A | M | V | N | M |
| A | A | M | O | R | A | L | R | Q | E | G | I |
| N | M | O | I | M | D | V | G | X | R | U | B |
| D | R | S | K | A | F | E | U | D | N | T | W |
| E | U | T | L | U | I | G | M | W | U | I | E |
| L | T | K | M | S | L | E | E | H | N | K | R |
| N | I | L | E | E | S | T | N | T | F | A | L |
| S | C | H | L | E | C | H | T | I | T | W | U |
| C | H | E | P | N | C | A | I | L | C | E | M |
| H | I | N | E | I | I | M | C | D | V | N | B |

## *Ethik-Wissen*

1. .................................................................................................................

2. .................................................................................................................

3. .................................................................................................................

4. .................................................................................................................

5. .................................................................................................................

6. .................................................................................................................

7. .................................................................................................................

1. Finde im Suchsel sieben Begriffe, die mit „Ethik" zu tun haben, und markiere sie.

2. Schreibe zu jedem Begriff einen Satz auf die Linien, aus dem hervorgeht,
   was dieser Begriff deiner Meinung nach mit Ethik zu tun hat.

3. Notiere mindestens drei ethische Fragestellungen, die du aus dem Alltag kennst.
    Begründe deine Auswahl, indem du die sieben Begriffe aus dem Suchsel zu Hilfe nimmst.

# Logik – Werkzeug der Philosophie

Logik ist die **Lehre von der korrekten Schlussfolgerung**. Für die Philosophie ist die Logik damit das wesentliche Werkzeug zum Denken. Dennoch wird sie im Philosophie- und Ethikunterricht an den Schulen selten beachtet und selbst Philosophiestudenten in den ersten Semestern wundern sich, dass Philosophie in diesem Bereich so ein „mathematisches" Fach ist.

In dieser Doppelstunde werden den Schülern einige erste Grundbegriffe der klassischen Logik im Bereich der **Syllogistik** nähergebracht. Begründet wurde diese Disziplin von Aristoteles (384–322). Syllogismen bestehen immer aus zwei Prämissen (Voraussetzungen/Aussagen) und einer Konklusion (Schlussfolgerung). Die Schüler lernen dabei in Form der vier Figuren des Syllogismus vier Typen logischer Argumente kennen. Mit diesem Grundwerkzeug können sie einige Schlussfolgerungen auf ihre Folgerichtigkeit prüfen und kennen damit eine wichtige Basis, um wahre von falschen Schlussfolgerungen zu unterscheiden.

## ◎ Klassenstufe

ab Klasse 8

## ◎ Kompetenzerwartungen

1. Die Schüler lernen vier Figuren des Syllogismus kennen.

2. Sie können beispielhafte Argumente den vier Figuren zuordnen.

3. Sie können die Folgerichtigkeit der Schlussfolgerungen beurteilen.

4. Sie kennen ansatzweise die hohe Bedeutung der Syllogistik für die Philosophie.

## ◎ Material

☐ die Arbeitsblätter „Syllogistik – die Lehre der logischen Argumente" (S. 17) und „Zwei Prämissen – eine Schlussfolgerung" (S. 18) im Klassensatz

## ◎ Stundenverlauf

### *Einstieg*

Starten Sie die Stunde mit einer Mindmap zum Thema „Logische Argumente". Fordern Sie die Schüler dazu auf, ihre Assoziationen zu nennen: *„Wann sind Argumente logisch?"* Schreiben Sie alle gültigen Aspekte als Äste in die Mindmap. Sprechen Sie wichtige Aspekte, z. B. „Sachlichkeit", „Kausalität/Ursache und Wirkung", „Bezug" etc. in der Klasse an. Lassen Sie, um den Einstieg weniger theoretisch wirken zu lassen, zu jeder Assoziation ein Beispiel nennen. Fragen Sie die Schüler abschließend, ob diese glauben, dass es feste Regeln gibt, mit denen man – wenn man sich daran hält – immer gültige Argumente erstellen kann.

### *Erarbeitung/Sicherung*

Erklären Sie, dass es tatsächlich schon seit dem Philosophen Aristoteles im 4. Jahrhundert vor unserer Zeitrechnung sogenannte „logische Figuren" gibt, deren richtige Anwendung zu Schlussfolgerungen führt, die immer gültig sind. Teilen Sie nun Arbeitsblatt 1 („Syllogistik – die Lehre der logischen Argumente", S. 17) aus. Bearbeiten Sie Aufgabe 1 gemeinsam im Plenum. Fordern Sie die Schüler anschließend dazu auf, die Aufgaben 2–4 allein zu bearbeiten. Geben Sie dafür ca. 15 Minuten Zeit. Besprechen Sie die Ergebnisse in der Klasse und diskutieren Sie zum Abschluss der Stunde Aufgabe 5 im Plenum.

Teilen Sie nach der Pause Arbeitsblatt 2 („Logik – Werkzeug der Philosophie", S. 18) aus. Fordern Sie die Schüler auf, die Aufgaben 1–3 in Partnerarbeit zu lösen. Besprechen Sie die Ergebnisse im Plenum.

### *Transfer/Reflexion*

Fordern Sie die Schüler dazu auf, Aufgabe 4 in Einzelarbeit zu erarbeiten. Besprechen Sie zum Abschluss der Stunde die Ergebnisse.

# Syllogistik – die Lehre der logischen Argumente

| Figur 1: Barbara | Figur 2: Cesare |
|---|---|
| Prämisse 1: Alle M sind P.<br>Prämisse 2: Alle S sind M.<br><br>Schlussfolgerung:<br>Alle S sind P. | Prämisse 1: Kein M ist P.<br>Prämisse 2: Alle S sind P.<br><br>Schlussfolgerung:<br>Kein S ist M. |
| Figur 3: Bocardo | Figur 4: Calemes |
| Prämisse 1: Einige M sind nicht P.<br>Prämisse 2: Alle M sind S.<br><br>Schlussfolgerung:<br>Einige S sind nicht P. | Prämisse 1: Alle M sind P.<br>Prämisse 2: Keine P sind S.<br><br>Schlussfolgerung:<br>Keine S sind M. |

*Prämisse = Aussage*

1. **Lies die Tabelle. Fülle dabei für alle M, P und S jeweils einen Begriff**
   **deiner Wahl ein, z. B. für M = Menschen, P = Säugetiere und S = Schüler.**

2. *„Aus wahren Prämissen kann bei korrekter Anwendung der jeweiligen Figur*
   *niemals eine falsche Schlussfolgerung entstehen."*
   **Begründe im Heft, inwiefern diese Aussage auf die vier obigen Figuren zutrifft.**

3. *„Wenn die Prämissen falsch sind, ist die Schlussfolgerung zwar falsch,*
   *aber bei korrekter Anwendung trotzdem logisch gültig."*
   **Erkläre die Aussage in eigenen Worten.**
   **Begründe dann im Heft, inwiefern sie auf die obigen Figuren zutrifft.**

4. **Lies die Sprechblase. Wende die Figur Barbara darauf an.**

> *Das Paradox des Epimenides*
>
> *Der Athener Philosoph Epimenides sagte eines Tages: „Alle Athener sind Lügner." Stimmt seine Aussage nun oder nicht?*

5. **Diskutiert in der Klasse, ob Epimenides mit seiner Aussage gelogen hat**
   **oder die Wahrheit sagt.**
   **Erklärt abschließend das Paradox (ein Paradox ist eine Aussage,**
   **die scheinbar einen nicht lösbaren Widerspruch enthält).**

© Verlag an der Ruhr | Autorin: Regine Rompa | ISBN 978-3-8346-2525-0 | www.verlagruhr.de | 30 x 90 Minuten | **Philosophie/Ethik**

# Zwei Prämissen – eine Schlussfolgerung

| **A**<br><br>Prämisse 1: Alle Lehrer tragen Bärte.<br>Prämisse 2: Herr Max ist ein Lehrer.<br><br>Schlussfolgerung: .................................................<br><br>..........................................................................<br><br>Figur: ................................................................. | **B**<br><br>Prämisse 1: Alle Affen sind Primaten.<br>Prämisse 2: Kein Primat legt Eier.<br><br>Schlussfolgerung: .................................................<br><br>..........................................................................<br><br>Figur: ................................................................. |
|---|---|
| **C**<br><br>Prämisse 1: Kein Mensch trägt Hosenträger.<br>Prämisse 2: Lisa trägt Hosenträger.<br><br>Schlussfolgerung: .................................................<br><br>..........................................................................<br><br>Figur: ................................................................. | **D**<br><br>Prämisse 1: Einige Schüler sind keine Mathe-Asse.<br>Prämisse 2: Alle Schüler sind froh.<br><br>Schlussfolgerung: .................................................<br><br>..........................................................................<br><br>Figur: ................................................................. |

## Unlogisches Chaos

| **E**<br><br>P 1: Alle Hunde sind Säugetiere.<br>P 2: Alle Katzen sind Säugetiere.<br><br>S: Alle Hunde sind Katzen. | **F**<br><br>P 1: Alle weißen Pferde sind Schimmel.<br>P 2: Unterm Sofa ist Schimmel.<br><br>S: Unterm Sofa ist ein weißes Pferd. |
|---|---|
| **G**<br><br>P 1: Ab 14 ist ein Jugendlicher bedingt<br>strafmündig.<br>P 2: Lisa (14) hat eine Straftat begangen.<br><br>S: Lisa wird bestraft. | **H**<br><br>P 1: Einige Schwäne sind nicht weiß.<br>P 2: Alle Schwäne sind Vögel.<br><br>S: Einige Vögel sind keine Schwäne. |

1. **Lies die obigen Prämissen. Ziehe die gültige Schlussfolgerung und gib an, um welche Figur es sich jeweils handelt.**

2. **„Alle Gams sind Dings." Stelle zwei Prämissen auf, die zu dieser Schlussfolgerung führen.**

3. **Finde die Fehler im unlogischen Chaos.**

4. **Überlege, warum die Syllogistik (= Lehre der logischen Argumente und Beweise) ein wichtiges Werkzeug der Philosophie ist. Notiere deine Überlegungen im Heft.**

# Die Welt

# „Matrix" und Platons Höhlengleichnis

„**Matrix**" ist ein Science-Fiction-Film (FSK: ab 16 Jahren), der viele Jugendliche fasziniert. Darin findet der Protagonist Neo heraus, dass die Welt, die er bis dahin für real gehalten hat, nur ein virtuelles Computerprogramm ist. Es wurde von Maschinen geschaffen, um die Menschen zu kontrollieren und auszubeuten. Als Neo schließlich die reale Welt mit eigenen Augen sieht, traut er diesen zunächst nicht. Nachdem er jedoch verstanden hat, was Wirklichkeit und Realität sind, kann er als „der Auserwählte" den Kampf zur Befreiung der Menschheit aufnehmen.

Der Film beinhaltet zahlreiche **erkenntnistheoretische Anspielungen,** bei denen u. a. die Nähe zum **Höhlengleichnis** des Philosophen Platon (428/427–348/347) auffällt. Dieser grundlegende Text der Erkenntnisphilosophie kann so den Schülern auf eine „moderne" Weise nahegebracht werden.
Vor Beginn dieser Doppelstunde sollte der Film (131 Minuten) in der Klasse angesehen werden.

##  Klassenstufe

ab Klasse 10

## Kompetenzerwartungen

1. Die Schüler verstehen den erkenntnistheoretischen Ansatz des Films „Matrix".

2. Die Schüler wenden den erkenntnistheoretischen Ansatz des Films analog auf Platons Höhlengleichnis an.

3. Die Schüler erkennen den möglichen Scheincharakter der eigenen wahrgenommenen Welt und entdecken Platons Ausweg aus diesem Schein durch das Geistige.

## Material

☐ 1 Esslöffel  ☐ die Arbeitsblätter „Morpheus trifft Platon" (S. 22) und „Das Höhlengleichnis nach Platon" (S. 23) im Klassensatz  ☐ Paketklebeband  ☐ rote und blaue Kreide  ☐ Musik (z. B. Matrix-Filmmusik) in ca. 3 min Länge

## Stundenverlauf

### Einstieg

Lassen Sie den Löffel – im Film das Symbol für die Erkenntnis, dass die sinnliche Erfahrung über das Realsein der Welt täuschen kann – durch die Reihen gehen, während Sie folgendes Filmzitat an die Tafel schreiben:
„*Versuche nicht, den Löffel zu verbiegen. Das ist nämlich nicht möglich. Versuch, dir stattdessen einfach die Wahrheit vorzustellen. (…) Den Löffel gibt es nicht. (…) Dann wirst du sehen, dass nicht der Löffel sich biegt, sondern du selbst.*"
(Matrix; der kleine Junge; erster Besuch beim Orakel)

Fordern Sie die Schüler dazu auf, im Unterrichtsgespräch die Bedeutung der Sätze in eigene Worte zu fassen: „*Erklärt, was dieses Zitat bedeutet. Ihr könnt dazu auch weitere Szenen aus dem Film als Belege anführen.*" Die Antworten werden im Wesentlichen umschreiben, dass die Welt in der Matrix eine Scheinwelt ist. Wer dies durchschaut, wie im Film später Neo, kann diese Scheinwelt beeinflussen und durch sie hindurch in die wahre Welt hineinagieren. Erfahrungsgemäß fallen die Antworten unstrukturierter aus, was jedoch nicht schlimm ist, da diese noch vertieft erarbeitet werden.

## Erarbeitung/Sicherung

Teilen Sie den Schülern Arbeitsblatt 1 („Morpheus trifft Platon", S. 22) aus und weisen Sie sie zur Erarbeitung der Aufgaben 1–3 an: „Bildet 2er-Gruppen und löst die Aufgaben 1–3 auf dem Arbeitsblatt." Wenn einzelne 2er-Gruppen bereits fertig sind, während der Großteil der anderen Schüler noch schreibt, bitten Sie diese, Aufgabe 5 zu erarbeiten. Kontrollieren Sie nach der Bearbeitung die Lösungen der Aufgaben im Plenum und bearbeiten Sie, um auch langsame Schüler mitzunehmen, zum Abschluss der ersten Stunde Aufgabe 4 gemeinsam in der Klasse.

Teilen Sie kurz vor Beginn der zweiten Stunde das Klassenzimmer mit Paketklebeband in zwei in etwa gleich große Teile auf und markieren Sie den einen Teil rot und den anderen blau. Fordern Sie die Schüler nach der Pause zunächst dazu auf, die Augen zu schließen. Lesen Sie nun betont und langsam die Nacherzählung des Höhlengleichnisses auf Arbeitsblatt 2 („Das Höhlengleichnis nach Platon", S. 23) vor. Differenzierung: Bei Schülern der Oberstufe können Sie die deutsche Übersetzung (z.B. von Friedrich Schleiermacher) von Platons Höhlengleichnis vorlesen, was allerdings den Zeitaufwand erhöht (Politeia, 7. Buch; 106. a-d). Erlauben Sie den Schülern anschließend, die Augen wieder zu öffnen und teilen Sie das Arbeitsblatt aus. Kündigen Sie eine Einzelarbeit an: „Bearbeitet jeder für sich Aufgabe 1 und 2." Besprechen Sie die Ergebnisse und lösen Sie dann die Aufgaben 3 (Wiederholung zur Lernzielkontrolle) und 4 (Rückbezug auf die Matrix) im Plenum.

## Transfer/Reflexion

Lassen Sie Aufgabe 5 von einem Schüler vorlesen und erklären Sie dann die Methode Meinungslinie: „Steht bitte alle auf. Wie ihr seht, ist das Klassenzimmer an dieser Linie entlang in zwei Hälften aufgeteilt. Sobald die Musik startet, dürft ihr im Zimmer herumgehen. Sprecht dabei nicht, sondern geht in euch: Wenn ihr euch für die rote Kapsel (= reale Welt) entscheidet, stellt euch in den rot markierten Teil des Zimmers. Entscheidet ihr euch für die blaue Kapsel (= Scheinwelt), stellt ihr euch in den blau markierten Teil. Wenn ihr absolut keine Entscheidung treffen könnt, stellt euch auf die Trennlinie. Je weiter ihr von der Trennlinie entfernt in einem Teil steht, desto entschiedener seid ihr für den jeweiligen Teil. Wenn die Musik stoppt, müssen alle Stellung bezogen haben." Starten Sie daraufhin die Musik und unterbrechen Sie sie nach ca. drei Minuten. Befragen Sie einige Schüler, warum sie sich gerade für ihre jeweilige Position entschieden haben, und lassen Sie diese ihre Entscheidung begründen. Hören Sie möglichst verschiedene Positionen und Argumente für beide Seiten an, bevor Sie die Klasse auffordern, sich wieder zu setzen. Diskutieren Sie zum Abschluss der Stunde folgende Frage im Plenum: „Wie lässt sich die Entscheidung zwischen roter und blauer Kapsel auf unser Leben interpretieren? Welche Folgen hat diese Entscheidung?"

## ◎ Tipps

Wenn Sie nicht die Zeit haben, den gesamten Film anzuschauen, können Sie den Schülern auch die Handlung erläutern (siehe dazu z.B. den Eintrag in der Wikipedia oder auf www.imdb.com) und nur die Szene zeigen, in der Morpheus Neo die Wahl zwischen der realen und der Scheinwelt anbietet.

Platons Höhlengleichnis in der Übersetzung von Schleiermacher ist mittlerweile gemeinfrei. Sie finden es kostenlos online auf http://gutenberg. spiegel.de/buch/4885/1.

# Morpheus trifft Platon

Was ist die Wirklichkeit? Wie definiert man das, Realität?
Wenn du darunter verstehst, was du fühlst, was du riechen,
schmecken oder sehen kannst, ist die Wirklichkeit nichts
weiter als elektrische Signale, interpretiert von deinem
Verstand. Das hier ist die Welt, die du kennst: (…)
Sie existiert inzwischen nur noch als Teil einer neuro-
interaktiven Simulation, die wir als Matrix bezeichnen.
Du hast bisher in einer Traumwelt gelebt, Neo.
*(Die Matrix: Morpheus; im Trainingsprogramm der Matrix)*

Es gibt vier Erkenntnisstufen, die sich in der Seele ereignen:
Die unterste Stufe nenne ich das Vermuten (eikasía). Wir sehen ein Abbild
von etwas, z. B. einen Schatten oder ein Foto, und vermuten, dass das Abbild
real ist. Wir kennen den Gegenstand selbst nicht, nur sein Abbild. Auf der
zweiten Stufe findet das Glauben oder Für-wahr-Halten (pístis) statt. Hier sehen
wir die Gegenstände oder die Lebewesen um uns herum und halten diese
deshalb für reale Gegenstände bzw. Lebewesen. Die dritte Stufe der Erkenntnis
erreicht man erst durch vernünftiges Nachdenken (diánoia). Hierfür brauchen
wir die Sinne, die uns täuschen können, nicht mehr. So wird z. B. 1 + 1
untäuschbar immer 2 ergeben. An dieser Rechnung sind keine Sinne beteiligt.
Die höchste Stufe der Erkenntnis ist schließlich das Einsehen (nóesis). Das Einsehen erkennt komplett ohne sinnliche Wahrnehmung, es erkennt die Ideen
selbst, indem es sich an diese aus einem früheren jenseitigen Dasein erinnert.
*(nach Platon; 428/427–348/347 v. Chr.)*

1. **Bildet 2er-Gruppen und lest die Sprechblasen mehrmals konzentriert
   durch. Wiederholt dann die Szene, indem ihr frei in eigenen
   Worten sprecht. Tauscht abschließend die Rollen.**

2. **Sucht zusammen nach einer Gemeinsamkeit in den Aussagen
   von Morpheus und Platon. Notiert euer Ergebnis im Heft.**

3. **Überlegt, in welchen Situationen ihr selbst euch von euren Sinnen
   habt täuschen lassen und auf welche Weise ihr das gemerkt habt.
   Notiert auch diese Situationen.**

4. **Erklärt die folgenden Filmszenen anhand der Erkenntnisstufen bei Platon.**
   - **Der Franzose genießt einen guten Wein.**
   - **Der Franzose sagt, er handle mit Informationen und wisse so viel er könne.**
   - **Neo traut sich erst nicht, von seinem Arbeitsplatz im Hochhaus
     aus dem Fenster zu flüchten.**
   - **Der kleine Junge kann den Löffel verbiegen, ohne ihn zu berühren.**
   - **Morpheus lässt Neo zwischen der roten (= reale Welt) und
     der blauen Kapsel (= Scheinwelt) wählen.**

5. **Wahlaufgabe: Sammelt Beispiele für Erkenntnisse, die man ohne
   sinnliche Wahrnehmung gewinnen kann.**

# Das Höhlengleichnis nach Platon

Weit unter der Erdoberfläche gab es eine Höhle. In ihr lebten Menschen. Sie wurden von Beginn ihres Lebens an in dieser Höhle gefangen gehalten und verbrachten all ihre Zeit darin. Sitzend waren sie so festgebunden, dass sie weder aufstehen, noch den Kopf drehen konnten. Sie konnten nur geradeaus sehen. Ihr Blick fiel auf die Höhlenwand. An ihr bewegten sich Schatten. Der Tanz dieser Schatten war alles, was sie kannten. Die Schatten waren für sie die wirkliche Welt. Sie analysierten sie und versuchten, Prognosen und Gesetzmäßigkeiten in ihren Bewegungen festzustellen. Sie wussten nicht, dass weit hinter ihrem Platz ein Feuer brannte, das die Quelle dieser Schatten war. Sie wussten nicht, dass davor Menschen herumgingen und Gegenstände hin und her bewegten, die sie nur als Abbilder auf der Wand sahen. Sie konnten weder sich selbst noch die anderen Gefangenen sehen, noch den Höhlenausgang und hätten niemals erahnt, was sich über der Höhle an der Erdoberfläche alles abspielte. Ihre Welt waren die Schatten. Und wenn jemand hinter ihnen sprach und sich das Echo an der Höhlenwand brach, hielten sie das natürlich für die Stimme eines Schattens.

Eines Tages befreite jemand einen Gefangenen und drehte ihn um. Er sah das Licht des Feuers und die Gegenstände, die die Schatten warfen. Das Licht blendete, er verstand es nicht. Der Gefangene wollte zurück ins vertraute Dunkel. Doch der Befreier ließ nicht locker und zwang den Gefangenen, nun aus der Höhle heraus ans Tageslicht zu gehen. Dort sah der Gefangene die blendende Sonne. Er sah überall Schatten, die von Gegenständen geworfen wurden. Er sah die Gegenstände, die sie warfen. Er sah viel Neues. Nach einer Weile verstand er, dass es die Sonne war, die die Schatten erzeugte. Nun wollte er nicht mehr im Gefängnis der Höhle leben und Schatten analysieren. Doch er dachte an die anderen Gefangenen. Jemand musste ihnen die Wahrheit mitteilen. Darum ging er eines Tages doch zurück in die Höhle. Weil er nun an Licht und Farbe gewöhnt war, konnten seine Augen wenig in der Dunkelheit der Höhle erkennen. Die Gefangenen meinten, dass er sich die Augen verdorben hatte. Niemand glaubte ihm seine Erkenntnisse und er wurde lauthals ausgelacht und verspottet.

*(Informationen nach: Platon, Politeia, 7. Buch; 106. a–d)*

1. **Beschreibe aus der Ich-Perspektive im Heft, wie die Welt für einen Gefangenen in der Höhle aussieht.**

2. **Ordne die vier folgenden Szenen aus dem Höhlengleichnis den vier Stufen der Erkenntnis bei Platon zu. Begründe deine Zuordnung im Heft.**
   - **Ein Gefangener wird befreit und umgedreht. Er will zurück zu den anderen ins Dunkel.**
   - **Der Gefangene geht zurück in die Höhle, um den anderen Gefangenen davon zu berichten.**
   - **Ein Gefangener wird aus der Höhle herausgeführt und erkennt durch logische Schlussfolgerung, dass die Schatten nur Abbilder der Dinge um ihn herum sind, die von der Sonne geworfen werden.**
   - **Die Gefangenen in der Höhle halten die Schatten für die reale Welt.**

3. **Überlegt gemeinsam, woher der Gefangene, der aus der Höhle herausgeführt wird, weiß, dass er nicht auch getäuscht wird.**

4. **Platons Höhlengleichnis weist viele Parallelen zur Matrix auf. Erstellt eine Liste an der Tafel. Tipp: Vergleicht auch anhand des ersten Arbeitsblattes.**

5. **Angenommen, auf dem Heimweg würde dir heute Morpheus begegnen und dir eine rote und eine blaue Kapsel anbieten. Entscheide dich für eine Kapsel auf der Meinungslinie im Klassenzimmer.**

© Verlag an der Ruhr | Autorin: Regine Rompa | ISBN 978-3-8346-2525-0 | www.verlagruhr.de | 30 x 90 Minuten | **Philosophie/Ethik** | 23

# Realität und Wirklichkeit

Intuitiv vertrauen Menschen darauf, dass ihre sinnliche Wahrnehmung ihnen die Welt so darstellt, wie sie tatsächlich beschaffen ist. Desto überraschender sind Situationen, in denen sich zeigt, dass dies nicht immer so ist.

## ◎ Klassenstufe

ab Klasse 7

## ◎ Kompetenzerwartungen

1. Die Schüler lernen optische Täuschungen kennen.

2. Die Schüler analysieren, dass die Sinneswahrnehmung als Zugang zur Wirklichkeit täuschen kann.

3. Die Schüler lernen den Unterschied zwischen Wirklichkeit und Realität kennen.

## ◎ Material

☐ Folienvorlage „Optische Täuschungen", (S. 25)
☐ das Arbeitsblatt „Täuschungen der Wahrnehmung" (S. 26) im Klassensatz   ☐ 1 Digitalkamera à 5 Schüler bzw. 1 Handy (dabei schulinterne Regelungen zum Handygebrauch beachten)
☐ fakultativ: ggf. 1 Laptop mit Memory-Card- und Beamer-Zugang und 1 Beamer

## ◎ Stundenverlauf

### *Einstieg*

Legen Sie die Folie auf. Fordern Sie die Schüler auf: *„Beschreibt, was ihr auf dem Bild seht."* Anschließend überprüfen Sie zusammen mit den Schülern die Wahrnehmung (bei Abb. 1 mit Linealen, bei Abb. 2 durch Abdecken des Hintergrunds, bei Abb. 3 durch Besprechen). Es zeigt sich erfahrungsgemäß, dass die ursprüngliche Wahrnehmung getäuscht hat.
Erklären Sie, dass es sich hierbei um „optische Täuschungen" handelt. Fragen Sie nach Situationen, in denen die Schüler bisher solche optische Täuschungen erlebt haben, und lassen Sie einige

Schüler erzählen. Achten Sie anhand der Antworten darauf, dass der Begriff der optischen Täuschung verstanden wurde.

### *Erarbeitung/Sicherung*

Teilen Sie das Arbeitsblatt aus und kündigen Sie an: *„Bearbeitet die Aufgaben 1–3 in Stillarbeit. Ihr habt dafür 20 Minuten Zeit."* Wechseln Sie anschließend direkt in die Gruppenarbeit: *„Die Zeit ist um. Bildet nun Kleingruppen à ca. fünf Personen. Jede Gruppe erhält einen Fotoapparat (nimmt ein Handy) und darf bis zur Pause innerhalb des Schulgebäudes Aufgabe 4 mit eigenen Ideen umsetzen."*

Fordern Sie die Kleingruppen nach der Pause dazu auf, jeweils maximal zehn Lieblingsbilder auszuwählen: *„Gleich dürft ihr eure besten Ergebnisse vor der Klasse präsentieren. Sucht dafür gemeinsam eure zehn besten Aufnahmen von Perspektiventäuschungen aus. Löscht dann den Rest und gebt mir die ausgewählten Bilder danach ab."* Die Schüler präsentieren die Bilder z. B. mithilfe des Beamers oder von Ausdrucken. Besprechen Sie anschließend auch die Ergebnisse zu den Aufgaben 1–3.

### *Transfer/Reflexion*

Kündigen Sie abschließend eine Partnerarbeit an: *„Bildet 2er-Gruppen und bearbeitet Aufgabe 5."* Besprechen Sie das Ergebnis im Plenum.

## ◎ Tipp

Wenn genügend Zeit vorhanden ist, kann die Klasse aus den Fotos eine Ausstellung im Klassenraum oder Schulhaus erstellen.

# Optische Täuschungen

**Verlaufen die Linien parallel zueinander?**

........................................................

**Verändert sich die Farbe des Balkens?**

........................................................

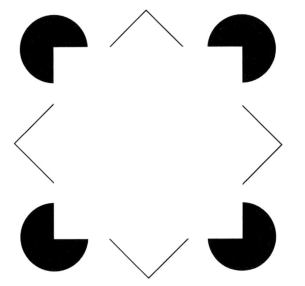

**Siehst du das Quadrat? Warum?**

........................................................

........................................................

........................................................

........................................................

**5**

# Täuschungen der Wahrnehmung

Wenn wir etwas mit unseren Augen anders sehen, als es in der Realität ist, nennen wir dies

„optische ..................................................". Das kann z. B. durch umliegende

...................................................... passieren, die das Auge verwirren, durch Ergänzungen,

mit denen das ................................................ Lücken füllt, oder durch die Perspektive,

aus der wir etwas sehen: So sind ............................................, die vom Auge

............................................ entfernt sind, ................................................ als

............................................ Gegenstände.

Doch nicht nur unsere ............................................ können sich täuschen.

Unsere komplette Wahrnehmung, also auch Fühlen, ............................................,

Riechen und Schmecken, sind nicht immer zuverlässige ............................................ zur Realität.

In der ............................................ unterscheiden wir daher ............................................ und Realität.

Das, was wir wahrnehmen, ist die Wirklichkeit. Sie kann sich im Zweifelsfall vom einen zum anderen

Menschen ............................................, z. B. je nach der Perspektive, aus der man etwas betrachtet.

Doch ob diese Wirklichkeit auch ............................................ ist, ist eine andere Frage.

Im Zweifelsfall muss man nachmessen. Es gibt nur ............................................ Realität.

Manchmal ist es daher nicht einfach, die Realität ............................................ .

### Füllwörter

- ☐ kleiner  ☐ Täuschung  ☐ zu erkennen  ☐ Gehirn
- ☐ Zugänge  ☐ weiter  ☐ eine  ☐ nahe liegende
- ☐ Augen  ☐ Philosophie  ☐ Hören  ☐ Wirklichkeit
- ☐ unterscheiden  ☐ Farbreize  ☐ real  ☐ Gegenstände

1. **Fülle den Lückentext mit den Füllwörtern aus.**

2. **Erkläre deinem Nachbarn, wie die Perspektiventäuschung auf
   dem Bild zustande kommt. Höre dann zu, wie er es dir erläutert.**

3. **Zeige anhand der Abbildung den Unterschied zwischen Realität
   und Wirklichkeit auf und erkläre ihn in eigenen Worten im Heft.**
   *Tipp: Der Lückentext hilft dir dabei.*

4. **Bildet Kleingruppen. Stellt im Schulgebäude eigene Perspektiventäuschungen nach
   und fotografiert sie. Präsentiert eure Bilder in der Klasse.**

5. **Nennt Beispiele, wie man überprüfen kann, ob die Wirklichkeit auch real ist.
   Überlegt, warum diese Methoden nicht ebenso täuschen können.**

# Verantwortung für Umwelt und Natur

Der Ethik-Lehrplan verschiedener Bundesländer sieht vor, dass sich die Schüler mit der eigenen Verantwortung für Umwelt und Natur beschäftigen. Im Folgenden finden Sie einen Vorschlag für eine Doppelstunde, die den Einstieg in diesen Themenbereich liefern könnte.

## Verantwortung

### – eine mindestens dreistellige Relation

Verantwortung bedeutet das Vorhandensein einer Verpflichtungsbeziehung mit mindestens dreistelliger Relation:

Jemand **(1.)**
ist jemand anderem gegenüber **(2.)**
für etwas/jemanden **(3.)** verantwortlich.

**(1.)** ist dabei das Subjekt der Handlung (wer ist verantwortlich?).

**(2.)** wird in diesem Zusammenhang oft als die „Autorität" bezeichnet (wem gegenüber ist das Subjekt verantwortlich? Z.B. dem Gesetz, Gott oder „der Moral").

**(3.)** ist das Objekt der Handlung (für wen ist das Subjekt verantwortlich?).

Beispiele finden Sie auf dem Arbeitsblatt „Das Dreieck der Verantwortung" (S. 29).

## ◎ Klassenstufe

ab Klasse 7

## ◎ Kompetenzerwartungen

1. Die Schüler lernen, den Begriff der „Verantwortung" zu reflektieren und in einem philosophischen Kontext als Bezugsbegriff zu deuten.

2. Die Schüler reflektieren anhand von Beispielen, inwiefern sie selbst bzw. der Mensch für Umwelt und Natur verantwortlich ist.

3. Die Schüler stellen den Transfer zur eigenen Lebenswirklichkeit her, indem sie den eigenen ökologischen Fußabdruck berechnen und das Ergebnis hinterfragen.

4. Die Schüler tauschen sich über mögliche Aktivitäten zum Schutz von Umwelt und Natur aus.

## ◎ Material

☐ die Arbeitsblätter „Das Dreieck der Verantwortung" (S. 29) und „Pflanze und Mensch – ein Team?" (S. 30) im Klassensatz ☐ Zugang zum Computerraum (mit Internetanschluss) o. Ä. für mind. 20 Minuten während der zweiten Stunde

## ◎ Stundenverlauf

### Einstieg

Schreiben Sie den Begriff „Verantwortung" buchstabenweise einzeln untereinander (also erste Zeile „V", zweite Zeile „E" etc.). Fordern Sie die Schüler dazu auf, zu jedem Buchstaben ein Wort zu ergänzen, das mit „Verantwortung" zu tun hat (z.B. „V wie Verhalten gegenüber jemandem, demgegenüber wir die Verantwortung haben, E wie Ethik, die hinterfragt, ob und wann *in einer bestimmten Situation eine Verantwortung von jemandem gegenüber jemandem oder etwas vorliegt etc.").* Hinterfragen Sie bei den Angeboten der Schüler jeweils, worin diese den Bezug sehen.

Werfen Sie am Ende noch einmal gemeinsam einen Blick auf die entstandenen Bezüge: *„Im Begriff ‚Verantwortung' steckt noch ein weiteres Wort. Welches ist das? Und was hat dieses wohl mit Verantwortung zu tun?"* Hier isolieren die Schüler oft nun rasch den Begriff „Antwort".
Er ist insofern mit Verantwortung verbunden, als dass diese die positive Antwort auf eine Pflichtzuschreibung ist. Die Schüler können dies oft eher über Beispiele ausdrücken (z.B. *„Wenn ich die Verantwortung für eine Tat übernehme, bedeutet das, dass ich antworte, dass ich es bin, der für die Folgen dieser Tat aufkommt/etwas wiedergutmacht etc.").*
Ziel des Einstiegs ist es, dass die Schüler über die Beschäftigung mit dem Wort zur Bedeutung des Begriffs Verantwortung gelangen. Gerade bei diesem Begriff funktioniert das in der Regel gut.

## Erarbeitung/Sicherung

Teilen Sie das Arbeitsblatt „Das Dreieck der Verantwortung" (S. 29) aus und geben Sie den Schülern folgende Aufgabe. *„Betrachtet das Dreieck der Verantwortung und lest Aufgabe 1. Denkt kurz – jeder für sich – darüber nach. Wir bearbeiten Aufgabe 1 dann gleich gemeinsam."* Geben Sie den Schülern ca. drei Minuten Zeit, bevor sie die Aufgabe gemeinsam besprechen.

## Transfer/Reflexion

Fordern Sie die Schüler dazu auf, 2er-Gruppen zu bilden und die Aufgaben 2 und 3 zu erarbeiten. Geben Sie dafür den Rest der Stunde Zeit.

Besprechen Sie zu Beginn der zweiten Stunde die Ergebnisse der Aufgaben 2 und 3.

Teilen Sie anschließend das Arbeitsblatt „Pflanze und Mensch – ein Team?" (S. 30) aus und fordern Sie die Schüler dazu auf, in den 2er-Gruppen Aufgabe 1 und 2 zu bearbeiten. Geben Sie dazu etwa 10 Minuten Zeit. Besprechen Sie die Ergebnisse, bevor Sie an die Computer gehen. Fordern Sie die Schüler dann dazu auf, auf <u>www.footprint.ch</u> ihren eigenen ökologischen Fußabdruck zu messen (Aufgabe 3).
Bearbeiten Sie zum Abschluss der Stunde gemeinsam Aufgabe 4 im Plenum (Evaluation von Aufgabe 3 und Ausblick).

# Das Dreieck der Verantwortung

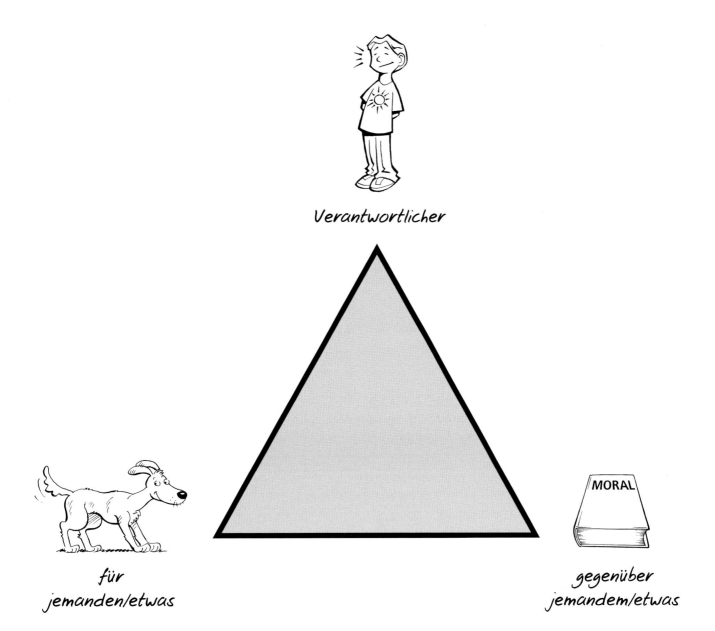

Verantwortlicher

für
jemanden/etwas

MORAL

gegenüber
jemandem/etwas

1. Betrachte das „Dreieck der Verantwortung". Erkläre auf dieser Basis,
   warum Verantwortung auch als mindestens „dreistellige Relation
   (= dreistellige Beziehung)" bezeichnet wird.
   Überlege dir für das Dreieck mindestens ein weiteres Beispiel
   und schreibe es dazu.

2. Bildet 2er-Gruppen: Überlegt, welche Voraussetzungen erfüllt sein müssen,
   um für etwas verantwortlich sein zu können.
   Erstellt eine Liste. Begründet eure Angaben.

3. Notiert, wofür ihr verantwortlich seid und wofür ihr gern
   Verantwortung übernehmen oder abgeben würdet.
   Begründet eure Angaben.

# Pflanze und Mensch – ein Team?

## Kommentar: Pflanze und Mensch – ein Team?

Obst und Gemüse kommen natürlich von Pflanzen. Ihr Gedeihen ist insbesondere abhängig vom Klima. Wenn sich dieses dauerhaft verändert, hat das Auswirkungen auf die Pflanzen und damit auf unsere Nahrung: So breiten sich durch die Erderwärmung weltweit z.B. die Wüsten aus. Dort wächst keine pflanzliche Nahrung für Mensch und Tier. Der Mensch ist also von den Pflanzen abhängig

Doch diese sind auch abhängig von uns: Unter anderem durch den Transport von Lebensmitteln über große Entfernungen hinweg wird viel $CO_2$ ausgestoßen, das den Klimawandel beschleunigt und damit den Pflanzen schadet. Auch Stickstoff-Düngemittel, die in der herkömmlichen Landwirtschaft verwendet werden, beschleunigen den Klimawandel, indem Lachgas im Boden freigesetzt wird (ein Treibhausgas, das noch stärker ist

als $CO_2$). Die Pflanzen wachsen dadurch allerdings wiederum rascher und entschärfen damit diesen negativen Effekt ein wenig, indem sie mehr $CO_2$ aus der Atmosphäre aufnehmen können.

Doch wie man es dreht und wendet: Mensch und Pflanze sind voneinander abhängig. Daraus resultiert die Verantwortung des

Menschen für die Pflanzen – jedes einzelnen Menschen, denn wir alle ernähren uns direkt oder indirekt von ihnen.

Verantwortung wahrzunehmen, beginnt mit Wissen. In unserer Gesellschaft wissen jedoch viele Menschen nicht einmal mehr, welche Gemüsepflanze wie aussieht, geschweige denn, was diese zum Wachstum benötigt. Und wie wir den gesamten Ökokreislauf Mensch – Pflanze erhalten können, wissen sie erst recht nicht.

Verantwortung geht weiter mit Handeln, denn Wissen allein kann nichts verändern. Wir müssen unsere Umwelt nachhaltig behandeln – also so, dass wir und die Generationen nach uns auch in Zukunft ausreichend Obst und Gemüse anbauen können, die wachsen und gesund sind.

1. **Bildet 2er-Gruppen. Lest den Text. Erklärt, inwiefern der Mensch diesem Text nach für die Umwelt verantwortlich ist.**

2. **Erstellt ein „Dreieck der Verantwortung", um die Verantwortung des Menschen für Pflanzen zu prüfen.**
   **Überlegt, ob und, wenn ja, inwiefern hier tatsächlich eine Verantwortung vorliegt.**
   **Begründet eure Meinung im Heft.**

3. **Miss deinen ökologischen Fußabdruck auf der Webseite www.footprint.ch.**

4. **Vergleicht eure Ergebnisse aus Aufgabe 3 in der Klasse. Notiert gemeinsam, was ihr konkret tun könntet, um eurer Verantwortung gegenüber Umwelt und Natur noch besser nachzukommen.**

# Der Mensch

# Cogito ergo sum

**Erkenntnistheorie** ist ein Bereich der Philosophie, der Jugendliche fasziniert. Es empfiehlt sich daher, Textarbeit, die sonst bei den Schülern oft den Ruf hat, trocken zu sein, für die Philosophie aber hohe Bedeutung hat, im Zusammenhang mit erkenntnistheoretischen Texten einzuüben. So können Sie die Schüler anhand spannender Fragestellungen auch zu dieser Methode motivieren. In der folgenden Doppelstunde wird anhand eines Auszugs aus **René Descartes'** (1596 – 1650) erster Meditation sowie eines Zitats aus seinen „Prinzipien der Philosophie" eine solche Textarbeit durchgeführt.

### Descartes' Meditationen

### – isb. die erste und zweite Meditation

Descartes' metaphysische „Meditationen über die Erste Philosophie" hatten zum Ziel, **letzte Dinge,** wie die Existenz Gottes und die Unsterblichkeit der Seele (eigentlich die Verschiedenheit der menschlichen Seele vom sterblichen Körper), zu beweisen. Dafür trennte er sich allerdings zunächst von allem, was er bis dahin für wahr gehalten hatte, um auf diese Weise falschen Annahmen und Vorurteilen keine Chance zu geben.

Nachdem er in der ersten Meditation **an allem zweifelt,** was er bis dahin für wahr gehalten hat, weiß er im Rahmen dieser Überlegungen nicht einmal mehr, ob er wach ist oder träumt, Hände oder Augen hat oder vielleicht nur von einem bösen Geist getäuscht wird, der ihm diese Welt als Realität vorspielt. In der zweiten Meditation sucht Descartes daher nach etwas, das er sicher annehmen kann, etwas, von dem er weiß, dass es wahr ist. Sein Ergebnis: Ob er träumt oder nicht, getäuscht wird oder nicht, er weiß doch mit Sicherheit, dass er zweifelt. Er selbst muss also existent sein, nicht unbedingt seine Hände oder Augen (sein Körper), aber doch sein Geist, der all das gerade anzweifelt, also denkt. So gelangt Descartes zu seiner Aussage „Ego sum, ego existo" („Ich bin, also existiere ich."), die später in leicht abgewandelter Formulierung aus seinen „Prinzipien der Philosophie" als „(ego) cogito, ergo sum" („Ich denke, also bin ich.") berühmt wurde.

### ◎ Klassenstufe

ab Klasse 10

### ◎ Kompetenzerwartungen

1. Die Schüler lernen mit Descartes' erster Meditation den radikalen Zweifel kennen und verstehen die Argumentation.

2. Die Schüler lernen anhand eines Zitats aus Descartes' „Prinzipien der Philosophie" die Argumente für die Behauptung der eigenen Existenz kennen und verstehen.

3. Die Schüler können den Gedankengängen folgen und denken eigenständig darüber nach.

### ◎ Material

☐ die Arbeitsblätter „Descartes: Über das, was in Zweifel gezogen werden kann" (S. 34) und „Descartes: Über die Prinzipien der menschlichen Erkenntnis" (S. 35) im Klassenersatz

### ◎ Stundenverlauf

### Einstieg

Schreiben Sie an die Tafel: „Woher wisst ihr, dass ihr gerade wach seid und das hier nicht nur ein Traum ist?" Fordern Sie die Schüler dazu auf, darüber eine Minute lang still nachzudenken. Fragen Sie dann nach Antwortvorschlägen und sammeln Sie diese an der Tafel um die Frage herum.

### Erarbeitung/Sicherung

Fordern Sie die Schüler dazu auf, nun der Lesung eines Textauszugs von Descartes konzentriert zu folgen: „*Schließt die Augen und achtet darauf, dass ihr bequem sitzt. Ich lese euch jetzt einen Auszug aus einem Text des Philosophen René*

*Descartes vor, der nicht einfach ist. Konzentriert euch und versucht, den Text zu verstehen."* Lesen Sie das Arbeitsblatt „Descartes: Über das, was in Zweifel gezogen werden kann" (S. 34) langsam und deutlich vor. Achten Sie auf ausreichende Pausen. Schließen Sie nach der Lektüre mit folgender Aufforderung: „Ihr könnt die Augen jetzt wieder öffnen. Erklärt nun, worum es in diesem Text geht." So prüfen Sie das erste Textverständnis der Schüler. Lassen Sie sie dabei auch erklären, was sie beim ersten Hören vom Inhalt verstanden haben und was nicht. Teilen Sie anschließend das Arbeitsblatt aus und stellen Sie die Aufgabe: *„Lest den Text selbst noch einmal still durch und beantwortet dann die Aufgaben 1–2."*

### Transfer/Reflexion

Besprechen Sie die Ergebnisse im Plenum und diskutieren Sie abschließend Aufgabe 3 im Plenum, bevor Sie die Schüler in die Pause entlassen.

### Erarbeitung/Sicherung

Kündigen Sie den Schülern zu Beginn der zweiten Stunde an, dass sie nun eine Antwort auf die zuletzt diskutierte Frage kennenlernen werden. Teilen Sie das Arbeitsblatt „Descartes: Über die Prinzipien der menschlichen Erkenntnis" (S. 35) aus und fordern Sie einen Schüler dazu auf, das Zitat vorzulesen. Lösen Sie anschließend die Aufgaben 1–3 gemeinsam im Plenum.

### Transfer/Reflexion

Fordern Sie die Schüler im Rahmen der kreativen Reflexion und des Transfers auf die eigene Lebenswirklichkeit dazu auf, Aufgabe 4 zu erarbeiten: *„Überlegt euch nun, wie ihr den Satz ‚Ego cogito, ergo sum' jemandem, der noch nie davon gehört hat, bildlich, in einem Gedicht, in einem Lied o. Ä. erklären könnt. Zum Abschluss der Stunde stellt ihr eure Ergebnisse in der Klasse vor."*

## ◎ Tipp

In der Oberstufe kann statt der Bearbeitung der letzten Aufgabe diskutiert werden, woher wir denn wissen, dass auch die anderen denken, also sind. So könnte ja im Rahmen des radikalen Zweifels auch angenommen werden, dass alle anderen Menschen Maschinen/Roboter sind. Der Beweis „Ich denke, also bin ich", lässt sich nicht auf andere Personen übertragen, sondern funktioniert notwendig immer nur für denjenigen, der denkt und daher weiß, dass er denkt.

Vergleichend kann in der nächsten Stunde die Position des Philosophen George Berkeley (1685 – 1753) behandelt werden, der in seinem Hauptwerk „Eine Abhandlung über die Prinzipien der menschlichen Erkenntnis" die These vertritt, dass die Existenz von Subjekten immer untrennbar mit deren Wahrnehmung verbunden ist („esse est percipere" = „Sein ist wahrgenommen werden"). Hiermit kann der radikale Zweifel, der darin mündet, dass man überhaupt nicht wissen kann, ob jemand oder etwas wirklich existiert, noch von einer anderen Seite her beleuchtet werden.

# Descartes: Über das, was in Zweifel gezogen werden kann

Ich hatte (…) bemerkt, wie viel Falsches ich in meiner Jugend für wahr gehalten hatte, und wie zweifelhaft Alles war, was ich darauf erbaut hatte. Ich meinte deshalb, dass im Leben einmal Alles bis auf den Grund umgestossen und von den ersten Fundamenten ab neu begonnen werden müsste, wenn ich irgendetwas Festes und Bleibendes in den Wissenschaften aufstellen wollte. (…) Alles (…), was mir bisher am sichersten für wahr gegolten hat, habe ich von den Sinnen oder durch die Sinne empfangen; aber ich habe bemerkt, dass diese mitunter täuschen, und die Klugheit fordert, Denen niemals ganz zu trauen, die auch nur einmal uns getauscht haben.– Allein wenn auch die Sinne in Bezug auf Kleines und Entferntes bisweilen uns täuschen, so ist doch vielleicht das meiste derart, dass man daran nicht zweifeln kann, obgleich es aus den Sinnen geschöpft ist, z.B. dass ich hier bin, am Kamin, mit einem Winterrock angethan, sitze, dieses Papier mit der Hand berühre, und Ähnliches. Mit welchem Grunde könnte man bestreiten, dass diese Hände, dieser ganze Körper, der meinige sei? (…) aber bin ich nicht ein Mensch, der des Nachts zu schlafen pflegt und alles dies im Traume erfährt? (…) Wie oft kommt es nicht vor, dass der nächtliche Traum mir sagt, ich sei hier, mit dem Rock bekleidet, sitze am Kamin, während ich doch mit abgelegten Kleidern im Bette liege! (…) Indem ich dies aufmerksamer bedenke, bemerke ich deutlich, dass das Wachen durch kein sicheres Kennzeichen von dem Traume unterschieden werden kann, so dass ich erschrecke, und dieses Staunen mich beinahe in der Meinung bestärkt, dass ich träume. – Wohlan denn; mögen wir träumen, und jenes Einzelne keine Wahrheit haben, dass wir die Augen öffnen, den Kopf bewegen, die Hände ausstrecken; ja wir haben vielleicht gar keine solchen Hände und keinen solchen Körper; (…) ich will annehmen, dass der Himmel, die Luft, die Erde, die Farben, die Gestalten, die Tone und alles Äusserliche nur das Spiel von Träumen ist, wodurch er (Anm.: ein boshafter, mächtiger Geist) meiner Leichtgläubigkeit Fallen stellt; ich werde von mir selbst annehmen, dass ich keine Hände habe, keine Augen, kein Fleisch, kein Blut, keine Sinne, sondern dass ich mir nur den Besitz derselben fälschlich einbilde; ich werde hartnäckig in dieser Meinung verharren und so, wenn es mir auch nicht möglich ist, etwas Wahres zu erkennen, wenigstens nach meinen Kräften es erreichen, dass ich dem unwahren nicht zustimme, und mit festem Willen mich vorsehen, um nicht von jenem Betrüger trotz seiner Macht und List hintergangen zu werden. (…)

*(Quelle: René Descartes' philosophische Werke. Abteilung 2, Berlin 1870, S. 5. Veröffentlichung des Originaltextes 1641)*

1. **Lies den Textauszug aus Descartes' „Meditationen über die Erste Philosophie". Gliedere den Text in Sinnabschnitte und gib diesen Überschriften.**

2. **Liste alles auf, an dessen Existenz Descartes in diesem Text zweifelt. Überlege und notiere, aus welchem Grund er dies tut.**

3. **Woher weißt du, dass du wirklich bist und nicht alles nur ein Traum ist?**

# Descartes: Über die Prinzipien der menschlichen Erkenntnis

Indem wir so alles nur irgend Zweifelhafte zurückweisen und für falsch gelten lassen, können wir leicht annehmen, dass es keinen Gott, keinen Himmel, keinen Körper gibt; dass wir selbst weder Hände noch Füße, überhaupt keinen Körper haben; aber wir können nicht annehmen, dass wir, die wir solches denken, nichts sind; denn es ist ein Widerspruch, dass das, was denkt, in dem Zeitpunkt, wo es denkt, nicht bestehe. Deshalb ist die Erkenntnis: „Ich denke, also bin ich" (lat.: ego cogito, ergo sum) von allen die erste und gewisseste, welche bei einem ordnungsmäßigen Philosophieren hervortritt.

*(Quelle: René Descartes' philosophische Werke. Abteilung 3, Berlin 1870, S. 3–42. Veröffentlichung des Originaltextes 1644)*

## *Ernst Mach: Die Welt, wie ich sie sehe, wenn ich mein rechtes Auge schließe*

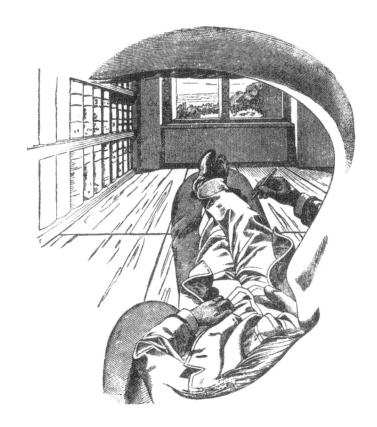

1. **Gib den Inhalt des Zitats in eigenen Worten wieder.**

2. **Erkläre, woher Descartes weiß, dass er nicht auch über sein Denken nur von einem bösen Geist getäuscht wird.**

3. **Betrachte das Bild des Künstlers Ernst Mach.**
   **Analysiere es in Bezug darauf, woher wir wissen können,**
   **was in der Welt Realität ist.**

4. **Erstelle selbst eine Zeichnung oder ein Gedicht zu Descartes'**
   **„Ego cogito, ergo sum".**

# Der Unterschied Mensch – Maschine

Maschinen nehmen in der heutigen Zeit einen wichtigen Raum in unserem Leben ein: Laptop, Smartphone und Tablet gehören zu den zentralen Alltagsbegleitern, mit denen Jugendliche aufwachsen. Doch je weiter die Technik voranschreitet, desto spannender wird die Frage nach dem Kern des Unterschieds zwischen Mensch und Maschine. Letztlich werden die Maschinen den Menschen wohl eine Menge darüber verraten können, wer sie selbst sind.

## Der Turing-Test

1950 erfand der britische Logiker und Mathematiker Alan Turing (1912–1954) den nach ihm benannten Turing-Test, um die „Intelligenz" von Computern mit der von Menschen zu vergleichen. Dabei tritt jeweils ein Mensch gegen einen Computer an, mit dem Ziel, eine Jury davon zu überzeugen, dass er oder sie der Mensch ist. Computer und Mensch zeigen also das, was sie menschlich macht. Die Idee dahinter: Wenn die Jury nicht eindeutig feststellen kann, wer von beiden der Mensch und wer der Computer ist, sind Mensch und Computer gleich intelligent.

Alan Turing

**Der Test verläuft wie folgt:** Jedes Jury-Mitglied sitzt allein in einem Raum an einem PC und hat zwei Chat-Fenster offen. Einer der Chat-Partner ist tatsächlich ein Mensch, der andere ist ein Computerprogramm. Das Jurymitglied kann im Chat sagen und fragen, was es will. Seine Chatpartner können antworten oder nicht sowie eigene Fragen stellen. Sie dürfen auch das Thema ändern. Es gibt keine Einschränkungen. Nach fünf Minuten chatten muss die Jury sagen, welcher der beiden der Mensch und welcher der Computer ist. In den letzten Jahren haben sich Jury-Mitglieder immer öfter geirrt und einen Computer für den Menschen und den Menschen für einen Computer gehalten.

Der Test führt zu einer **Reihe philosophisch spannender Fragen:** Was macht den Menschen für uns menschlich? Kann eine Maschine dazu in der Lage sein, dies täuschend echt nachzuahmen? Wenn ja, was bedeutet das für die Menschen bzw. für das, was sie sind?

## ◎ Klassenstufe

ab Klasse 7

## ◎ Kompetenzerwartungen

1. Die Schüler reflektieren den Unterschied zwischen Mensch und Maschine anhand eigener Versuche im Chat mit einem Computerprogramm.

2. Die Schüler lernen Unterschiede in der Architektur von Gehirn und Computer kennen.

3. Die Schüler reflektieren, was typisch menschlich ist und auch durch den technischen Fortschritt Mensch und Computer immer unterscheiden wird.

## ◎ Material

☐ Zugang zu einem Computerraum (mindestens für die ersten 45 Minuten) mit einem Computer pro maximal zwei Schüler, Laptops mit Online-verbindung o. Ä.    ☐ die Arbeitsblätter „Fragen zur Unterscheidung von Mensch und Maschine" (S. 38) und „Die Architektur von Computer und Gehirn" (S. 39) im Klassensatz

## ◎ Stundenverlauf

### Einstieg

Fragen Sie die Schüler, was sie über „künstliche Intelligenz" wissen. Notieren Sie die Ergebnisse an der Tafel oder lassen Sie die Schüler ihre Antworten direkt anschreiben.
Danach sollen die Schüler mit dem Rechner arbeiten. Gehen Sie dazu in den Computerraum, teilen Sie Laptops oder Tablets aus usw., je nachdem, welche Möglichkeit Sie an der Schule haben, Ihre Schüler online arbeiten zu lassen.

Teilen Sie das Arbeitsblatt „Fragen zur Unter-scheidung von Mensch und Maschine" (S. 38) aus und fordern Sie die Schüler dazu auf, in Partnerarbeit die Aufgaben 1–4 zu lösen:
*„Bildet 2er-Gruppen. Bearbeitet Aufgabe 1–4 eigenständig bis zum Ende der Stunde. Arbeitet zügig, damit ihr zeitlich durchkommt. Wir bespre-chen die Ergebnisse in der nächsten Stunde."*

### Erarbeitung/Sicherung

Besprechen Sie einleitend die Ergebnisse der letzten Stunde. Teilen Sie daraufhin das Arbeits-blatt „Die Architektur von Computer und Gehirn" (S. 39) aus. Fordern Sie einen Schüler dazu auf, den Text laut vorzulesen. Bearbeiten Sie darauf-hin Aufgabe 1 und 2 im Plenum.

### Transfer/Reflexion

Bitten Sie die Schüler, Aufgabe 3 zu bearbeiten:
*„Erarbeitet Aufgabe 3 in Stillarbeit. Denkt dabei an weitere Unterschiede zwischen Mensch und Maschine."* Besprechen Sie nach ca. 10 Minuten die Ergebnisse wieder im Plenum.

Aufgabe 4 kann in besonders schnellen und leistungsstarken Klassen abschließend erarbeitet werden. Differenzierend können weniger leis-tungsstarke Klassen dazu aufgefordert werden, selbst ein Bild zum Unterschied zwischen Mensch und Maschine anzufertigen. Aufgabe 4 ist an-sonsten vor allem als Wahlaufgabe und freiwillige Hausaufgabe geeignet.

## ◎ Tipp

Mehr zum Turing-Test und dessen Ergebnissen finden Sie im folgenden Buch:

*Brian Christian:*
**The most human human.**
What talking with computers teaches us about what it means to be alive.
Penguin, 2011
ISBN 978-0-670-92079-2

**8**

# Fragen zur Unterscheidung von Mensch und Maschine

| Frage | Begründung | Alices Antwort | Antwort der anderen 2er-Gruppe |
|---|---|---|---|
| What is the capital of Uzbekistan? | Ein Mensch verfügt nur über begrenztes Fachwissen. Für einen Computer sollte die Abfrage von Fakten hingegen leichter zu bewerkstelligen sein. | Tashkent | Wir haben keine Ahnung. |
| What do you feel when you listen to your favorite music? | | | |
| | | | |
| | | | |
| | | | |
| | | | |

1. **Bildet 2er-Gruppen. Notiert in der obigen Tabelle Fragen, anhand derer ihr erwartet, zu erkennen, ob Alice ein Mensch oder eine Maschine ist. Füllt dafür jeweils die erste und zweite Spalte aus.**

2. **Sucht eine 2er-Gruppe, der ihr eure Fragen stellen könnt. Notiert deren Antworten in der vierten Spalte der Tabelle.**

3. **Besucht die Webseite http://alice.pandorabots.com. Ihr werdet mit Alice chatten:**
   a) **Alice spricht Englisch. Stellt euch im Textfeld, das mit „You say:" markiert ist, zunächst auf Englisch vor.**
   b) **Fragt Alice, wo sie herkommt. Beginnt daraufhin ein 5-minütiges Gespräch mit ihr zu einem Thema eurer Wahl.**
   c) **Stellt Alice die Fragen in der Tabelle. Notiert ihre Antworten jeweils in der dritten Spalte der Tabelle.**

4. **Vergleicht die Ergebnisse in der Tabelle mit euren Erwartungen. Fasst die Ergebnisse kurz zusammen und begründet, ob ihr Alice aufgrund ihrer Antworten für einen Menschen oder eine Maschine halten würdet.**

# Die Architektur von Computer und Gehirn

Obwohl Computer oft mit Gehirnen von Lebewesen verglichen werden, gibt es zentrale Unterschiede in ihrer Architektur.

Ein Computer besteht u. a. aus einer zentralen Recheneinheit (CPU), Arbeitsspeicher, einer Festplatte und Software. Diese Komponenten haben alle jeweils ihre eigene Funktion.

Das Gehirn hat zwar auch verschiedene Teile, die verschiedene Funktionen haben: Es gibt Bereiche, die Informationen der Sinne verarbeiten, und solche, die beim Speichern von Erinnerungen wichtig sind. Allerdings sind aber z. B. einige Bereiche, die Erinnerungen speichern, gleichzeitig wichtig für die Erstellung von Fantasien: Im Gehirn gibt es also keine Trennung zwischen Speicher und Recheneinheit.

Unser Gehirn besteht fast nur aus Nervenzellen (Neuronen), die untereinander mit Synapsen (Verbindungen) gekoppelt sind. Diese bilden Recheneinheit und Speicher gleichzeitig ab. Außerdem gibt es keine Software im Gehirn.

Die Unterschiede in der Architektur von Computer und Gehirn werden auch in unterschiedlichen Fähigkeiten deutlich: Für einen Menschen ist es z. B. einfach, einen Hund von einer Katze zu unterscheiden, selbst in der Dämmerung oder bei Nebel. Für einen Computer ist das eine sehr komplexe Aufgabe. Dafür tut Letzterer sich leicht damit, z. B. die Antwort auf 1 347 876 x 789 zu berechnen, was für die meisten Menschen ziemlich anstrengend ist.

In der philosophischen Diskussion gilt als der wesentliche Unterschied zwischen Gehirn und Computer bisher der, dass im Gehirn tatsächlich „jemand drin" ist, der denken kann. Es gibt also eine nicht-physikalische Komponente, ein Bewusstsein. Philosophen haben das in der Vergangenheit auch mit Begriffen wie „Geist" oder „Seele" bezeichnet. Darüber, was genau diese Komponente sein soll, wird seit Menschengedenken lautstark diskutiert.

1. **Lies den Text. Notiere den Unterschied in der Architektur von Gehirn und Computer in eigenen Worten im Heft.**

2. **Schreibe mindestens drei Dinge in dein Heft, von denen du glaubst, dass sie**
   **a) einfacher für einen Menschen und**
   **b) einfacher für einen Computer sind.**
   **Begründe.**

3. **Analysiere die Bedeutung der Abbildung im Heft.**

4. **Wahlaufgabe:**
   *„Ich habe keine Angst davor, dass Computer die Weltherrschaft übernehmen.*
   *Sie stehen nur da. Ich kann sie mit einem Kantholz schlagen."*
   — *Tom Yorke, Radiohead*
   **Nimm Stellung zu diesem Zitat.**

© Verlag an der Ruhr | Autorin: Regine Rompa | ISBN 978-3-8346-2525-0 | www.verlagruhr.de | 30 x 90 Minuten | **Philosophie/Ethik** | 39

# Der Unterschied Mensch – Tier

Kaum ein Ethikthema wurde in den letzten Jahren in der Öffentlichkeit so sehr diskutiert wie der Umgang mit Tieren. Immer lauter wurden dabei z. B. die Fragen nach der Rechtfertigung nicht artgerechter Tierhaltung. Die Grundlage der Entscheidung dieser ethischen Debatte ist eine anthropologische Fragestellung: Was ist der Mensch im Gegensatz zum Tier? Wo also liegt der Unterschied zwischen dem Tier Mensch und anderen Tieren? Nur wenn die Antwort auf diese Frage eine ausreichend große Distanz zwischen dem Tier Mensch und anderen Tieren darlegt, die außerdem vor allem ausreichend moralische Relevanz besitzt, könnte der Mensch sein Verhalten gegenüber den Tieren damit rechtfertigen. Gerade Jugendliche, die sich mit Lebensstilen stark auseinandersetzen und nach ihrer Identität suchen, interessiert das Thema oft besonders stark.

## Philosophische Debatte

Die Debatte um den Unterschied zwischen Mensch und Tier und der daraus resultierenden Rechte der Tiere und Pflichten zu deren Behandlung durch den Menschen ist schon sehr alt: Bereits Plutarch (45 – um 120) äußerte lautstark seinen Ekel vor Menschen, die Fleisch verzehrten – aus ethischen Gründen. Thomas Hobbes (1588–1679) hingegen betrachtete es aufgrund natürlicher Kraft und Macht des Menschen als dessen Recht, Tiere zu unterjochen und zu töten. Und für Descartes (1596–1650) waren Tiere sogar Maschinen, die keinerlei Gefühle besaßen, sodass ihnen überhaupt keine Rechte zuzusprechen seien. Widerlegt wurde er wenig später von Voltaire (1694–1778) mit dem Verweis, dass viele Tiere dieselben Sinnesorgane haben wie der Mensch und daher wohl auch fühlen müssten. In diesem Sinne äußerte sich auch Jeremy Bentham (1748–1832), von dem das berühmte Zitat stammt, das die Tierrechtsbewegung derzeit neu für sich entdeckt hat: „*Es mag der Tag kommen, an dem man begreift, dass die Anzahl der Beine, die Behaarung der Haut oder das Ende des Kreuzbeins gleichermaßen ungenügende Argumente sind, um ein empfindendes Wesen dem gleichen Schicksal zu überlassen. Warum soll sonst die unüberwindbare Grenze gerade hier liegen? Ist es die Fähigkeit, zu denken, oder vielleicht die Fähigkeit, zu reden? Aber ein ausgewachsenes Pferd oder ein Hund sind unvergleichlich vernünftigere sowie mitteilsamere Tiere als ein einen Tag, eine Woche oder gar einen Monat alter Säugling. Aber angenommen dies wäre nicht so, was würde das ausmachen? Die Frage ist nicht ‚Können sie denken?' oder ‚Können sie reden?', sondern ‚Können sie leiden?'*" Die moderne Debatte wurde u. a. durch den australischen Philosophen Peter Singer (*1946) angestoßen, dessen präferenzutilitaristischer Ansatz als Kriterium, anhand dessen die Rechte eines Lebewesens festgelegt werden sollten, nicht die Rasse (Rassismus), nicht die Spezies (Speziesmus), sondern die „Interessen", die ein Lebewesen an seinem Leben haben kann, fordert – mit großer Wirkung.

## ◎ Klassenstufe

ab Klasse 7

## ◎ Kompetenzerwartungen

1. Die Schüler reflektieren das Verhältnis von Menschen zu Tieren und erkennen die Unterschiede in der Behandlung verschiedener Tierarten.

2. Die Schüler erkennen, dass Tierarten speziesübergreifend, aber auch innerhalb der jeweiligen Spezies unterschiedlich sind und suchen nach einem ethisch relevanten Kriterium, das den Menschen von den anderen Tieren unterscheidet.

3. Die Schüler verstehen die ethischen Konsequenzen, die das Setzen des jeweiligen Unterscheidungskriteriums für unsere Handlungen gegenüber Tieren hat.

## ◎ Material

☐ Folienvorlage „Umgang mit Tieren" (S. 42)
☐ das Arbeitsblatt „Unterschied im Recht auf Leben" (S. 43) im Klassensatz

## ◎ Stundenverlauf

### Einstieg

Legen Sie die Folie auf. Fordern Sie die Schüler dazu auf, anhand der Bilder zu beschreiben, welche Formen der Beziehungen zwischen Menschen und Tieren bestehen: *„Betrachtet die Bilder und erklärt, welche Funktionen Menschen Tieren geben.“* Halten Sie die Ergebnisse (z. B. Tiere als Freizeitgestalter, Nahrung, treuer Freund, Entertainment etc.) in einer Mindmap rund um den Kernbegriff „Beziehungen zwischen Mensch und Tier" fest. Bitten Sie die Schüler abschließend, weitere Beziehungen aus eigener Erfahrung oder Vorkenntnis zu ergänzen (z. B. Helfer bei der Arbeit ➡ Drogensuchhund; Lebensretter ➡ z. B. Lawinensuchhund). Notieren Sie auch diese Aspekte.

### Erarbeitung/Sicherung

Betrachten Sie gemeinsam mit den Schülern die entstandene Mindmap. Fordern Sie die Schüler dann dazu auf, die Gemeinsamkeiten zwischen Menschen und Tieren abzuleiten: *„Notiert während der nächsten acht Minuten alle Gemeinsamkeiten zwischen Mensch und Tier, die euch einfallen. Die Beziehungen können euch dazu teilweise schon erste Anhaltspunkte geben.“* Besprechen Sie die Ergebnisse im Plenum. Teilen Sie dann das Arbeitsblatt „Unterschied im Recht auf Leben" (S. 43) aus.

### Transfer/Reflexion

Leiten Sie von den Gemeinsamkeiten zu den Unterschieden über und fordern Sie die Schüler dazu auf, Aufgabe 1 und 2 in Partnerarbeit zu erarbeiten: *„Obwohl Tiere zahlreiche Gemeinsamkeiten mit dem Tier Mensch (z. B. Gefühle, teilweise hohe Intelligenz und die Fähigkeit, emotionale Bindungen einzugehen) haben, gelten für sie nicht dieselben Rechte. So dürfen sie getötet werden (z. B. zum Verzehr ihres Körpers) und auch vor Leid sind sie rechtlich nur wenig geschützt (z. B. Massentierhaltung, Tiertransporte und -versuche etc.). Versucht, anhand von Aufgabe 1 und 2 in Partnerarbeit herauszufinden, welche Unterschiede es zwischen Mensch und Tier gibt und ob diese die Unterschiede in ihren Rechten begründen.“* Geben Sie den Schülern den Rest der Stunde Zeit, um eigenständig an den Aufgaben zu arbeiten.

Besprechen Sie zu Beginn der zweiten Stunde die Ergebnisse. Lassen Sie dafür mehrere 2er-Gruppen ihre Ergebnisse szenisch vortragen und diskutieren Sie diese gemeinsam in der Klasse. Achten Sie bei der Diskussion der Unterschiede darauf, dass es sich um Unterschiede handelt, die eine ethische Relevanz besitzen: Die Unterschiede sollen in diesem Fall rechtfertigen können, dass Tieren weniger Recht auf ihr Leben zugesprochen wird als Menschen. „Fell" wäre z. B. kein ethisch relevantes Kriterium, weil es inhaltlich nichts aussagt, das zu einer solchen Rechtfertigung führen könnte (ebenso wenig wie „Hautfarbe" oder „Geschlecht"). „Leidensfähigkeit" oder „Interesse am eigenen Leben" wären hingegen mögliche Kriterien mit ethischer Relevanz. Fordern Sie die Schüler anschließend dazu auf, im Heft aufzuschreiben, welche moralischen Auswirkungen diese Unterschiede haben: *„Beschreibt im Heft, warum es für eine ethische Rechtfertigung wichtig ist, worin der Unterschied zwischen Mensch und Tier besteht.“* Besprechen Sie die Ergebnisse zum Abschluss der Stunde.

### Hausaufgabe

*„Beobachtet eine halbe Stunde lang ein Haus- oder Nutztier eurer Wahl. Notiert eure Beobachtungen. Versucht, daraus Schlüsse auf einen moralisch relevanten Unterschied zwischen Mensch und Tier zu ziehen.“*

## ◎ Tipp

Zum Anschluss an diese Doppelstunde eignet sich z. B. eine weitere zum Thema „Tiere essen?" (S. 83).

# Umgang mit Tieren

# Unterschied im Recht auf Leben

**a)**
Der Unterschied liegt in der Intelligenz. Kein anderes Tier hat bisher Städte gebaut, ist in den Weltraum geflogen und hat Sprachen gelernt.

**b)**
Es sind allerdings nicht alle Menschen intelligenter als alle Tiere. Trotzdem würden wir keine Tierversuche an einem Säugling oder schwer Behinderten durchführen, selbst wenn er weniger intelligent ist als ein normal entwickelter Menschenaffe. Außerdem haben weniger Intelligente deshalb nicht weniger Interesse an ihrem Leben.

**c)**
Tiere fühlen aber weniger als wir. Das ist ein Unterschied, der ethisch relevant ist, denn wer weniger fühlt, dem macht es auch weniger aus, wenn man ihm das Recht auf ein gutes Leben abspricht.

**d)**
Das kann man so nicht sagen. Die Tiere, an denen wir experimentieren, fühlen nicht weniger, da sie ein Nervensystem haben, das unserem sehr ähnlich ist, z. B. Schweine, Hunde und Rinder. Dass sie nicht sagen können, dass sie leiden, heißt nicht, dass sie es nicht tun. Stumme Menschen können das z. B. auch nicht sagen.

**e)**
Der Unterschied liegt einfach in der Spezies. Tiere sind keine Menschen.

**f)**
Die Spezies ist aber ebenso wenig ein moralisch relevantes Kriterium wie das Geschlecht oder die Hautfarbe. Zu anderen Zeiten hat man dunkelhäutigen Menschen oder Frauen ihre Rechte abgesprochen. So eine Begründung ist willkürlich und kann nicht gerechtfertigt werden.

1. **Um ethisch zu rechtfertigen, dass Tieren weniger Rechte auf ihr Leben zugeschrieben werden als Menschen, muss es einen ethisch relevanten Unterschied zwischen Menschen und Tieren geben.**
   **Lest den obigen Dialog und nehmt Stellung zu jeder einzelnen Aussage.**

2. **Schreibt den Dialog weiter. Versucht dabei, herauszufinden, ob sich der Unterschied in den Rechten von Menschen und Tieren anhand eines bestimmten Unterschieds zwischen ihnen rechtfertigen lässt.**

© Verlag an der Ruhr | Autorin: Regine Rompa | ISBN 978-3-8346-2525-0 | www.verlagruhr.de | 30 x 90 Minuten | **Philosophie/Ethik** | 43

# Sind wir frei, zu tun und zu wollen, was wir wollen?

Freiheit ist ein großes Thema. Im Alltag begegnet sie uns ständig: in den Nachrichten, an Hausfassaden, in der Werbung, im Radio in zahlreichen Songs, in Schultoiletten als Gekritzel an der Wand und in zahlreichen Begriffen, z.B. „Meinungsfreiheit", „Versammlungsfreiheit", „Freispruch", „Freizeit" oder „Freiheitsberaubung". Sogar Kriege werden zur „Befreiung" bestimmter Völker geführt. Doch was bedeutet der Begriff „Freiheit" überhaupt? Und wann sind wir frei? Wenn wir alles tun dürfen, was wir wollen? Und woher wissen wir überhaupt, ob wir frei sind, zu wollen, was wir wollen?

## Philosophische Grundbegriffe

Die wesentliche Entscheidung an der Basis der philosophischen Freiheitsdiskussion ist die Unterscheidung zwischen Handlungs- und Willensfreiheit. Die Handlungsfreiheit spielt z.B. in der politischen Philosophie eine wichtige Rolle und liegt vor, wenn Menschen ohne äußere Zwänge tun können, was sie sich vornehmen. Dabei ist natürlich die Definition von „äußere Zwänge" entscheidend: Wodurch wird das Handeln des Menschen von außen determiniert/festgelegt? Willensfreiheit liegt vor, wenn Menschen einen freien Willen haben, mit dem sie festlegen können, was sie wollen. Der Wille darf dabei also nicht z.B. durch eine „Vorbestimmung" o.Ä. festgelegt sein, sondern die jeweilige Person muss sich frei entscheiden können.

## ◎ Klassenstufe

ab Klasse 10

## ◎ Kompetenzerwartungen

1. Die Schüler verstehen den Unterschied zwischen Willens- und Handlungsfreiheit.

2. Die Schüler lernen die wesentlichen Fragestellungen einiger typischer philosophischer Freiheitsdiskussionen exemplarisch kennen.

3. Die Schüler reflektieren die Bedeutung verschiedener Freiheitsbereiche.

## ◎ Material

☐ 3 große Tücher  ☐ ggf. weitere passende Requisiten  ☐ das Arbeitsblatt „Willen- und Handlungsfreiheit" (S. 46) im Klassensatz ☐ die Diskussionskarten (S. 47) einmal ausgeschnitten und ggf. laminiert

## ◎ Stundenverlauf

### Einstieg

Bitten Sie zunächst drei Freiwillige, das Klassenzimmer für zehn Minuten zu verlassen. Fordern Sie sie dazu auf, ein Heft oder einen Zettel mitzunehmen und darauf ihre Wünsche z.B. für den nächsten Geburtstag auf einer Art Wunschzettel zu sammeln. Erklären Sie dann dem Rest der Klasse das Thema der Doppelstunde: *„Wir beschäftigen uns in der folgenden Doppelstunde mit dem Thema „Freiheit". Bildet bitte drei Gruppen. Ihr habt zehn Minuten Zeit, um in der Gruppe eine Pantomime einzuüben, die das Thema Freiheit darstellt. Dann dürfen die Freiwilligen wieder hereinkommen und sollen raten, was ihr darstellt. Die Pantomime darf maximal zwei Minuten lang dauern."* Als Requisiten erhält jede Gruppe ein Tuch.

Sehen Sie während der Proben der Gruppen nach den Freiwilligen und holen Sie diese nach Ablauf der zehn Minuten in die Klasse. Die Freiwilligen dürfen nun die Pantomimendarstellungen der drei Gruppen ansehen. Danach sollen sie jeweils einzeln verdeckt ins Heft schreiben, was diese ihrer Meinung nach vorgeführt haben. Am Ende begründen die Freiwilligen ihre Angaben und das Ergebnis wird aufgedeckt.

### Erarbeitung/Sicherung

Fordern Sie nun die Freiwilligen dazu auf, ihren Wunschzettel zu erläutern. Gehen Sie die Wünsche einzeln durch und arbeiten Sie gemeinsam in der Klasse heraus, durch welche Quellen diese motiviert sein könnten: *„Hört euch die folgenden Wünsche unserer Freiwilligen an. Gebt für jeden Wunsch an, wie die Freiwilligen darauf gekommen sein könnten, sich diese Dinge zu wünschen."*

Sie werden erfahrungsgemäß viele Konsumgegenstände auf der Liste finden. Diese Wünsche sind z.B. durch die Werbung entstanden, durch Berichte von Freunden usw. Schreiben Sie die einzelnen „Wunschquellen" mit. Hinterfragen Sie abschließend den Zusammenhang der Merkmale zur Freiheit: *„Viele der Wünsche könnten durch äußere Einwirkungen, wie Werbung, Freunde, Familie oder die Werte in unserer Gesellschaft, zustande gekommen sein. Kann man noch davon sprechen, dass diese Wünsche frei ausgesucht wurden, wenn sie von außen beeinflusst werden? Begründet eure Meinungen."* Ziel der Aufgabe ist es, dass die Schüler darüber nachdenken, was die Freiheit des Individuums bedeuten kann, und dass diese nicht bedeutet, dass man völlig ohne Einfluss von außen entscheidet und handelt. Das Individuum ist immer seiner Umwelt ausgesetzt und durch diese beeinflusst – nicht nur bei seinen Wünschen, sondern natürlich auch darüber hinaus: So bedeutet Freiheit nicht, dass man alles darf, was man will …

Teilen Sie anschließend das Arbeitsblatt „Willens- und Handlungsfreiheit" (S. 46) aus. Fordern Sie einen Schüler dazu auf, den Text vorzulesen, und lassen Sie die Schüler Aufgabe 1 in Einzelarbeit erarbeiten. Besprechen Sie anschließend das Ergebnis und notieren Sie es zur Sicherung an der Tafel. Geben Sie den Schülern anschließend den Rest der Stunde Zeit, um eigenständig Aufgabe 2 zu lösen.
Besprechen Sie zu Beginn der zweiten Stunde die Ergebnisse von Aufgabe 2.

### Transfer/Reflexion

Kündigen Sie daraufhin an, dass sich die Schüler in dieser Stunde auf bestimmte Freiheitsbereiche spezialisieren werden und diese dann als Fachleute/Referenten dem Rest der Klasse erläutern werden. *„Bildet vier Gruppen. Jede Gruppe spezialisiert sich in dieser Stunde auf einen Bereich innerhalb der philosophischen Freiheitsdiskussion. Hierzu teile ich gleich jeder Gruppe eine Karte aus, auf der euer Bereich näher erläutert wird. Diskutiert euer Thema in der Gruppe und haltet alles, was ihr dazu wichtig findet, schriftlich fest. Achtet dabei darauf, dass ihr die* Begriffe „Handlungsfreiheit" und „Willensfreiheit" korrekt verwendet. Gliedert eure Diskussionspunkte und überlegt euch, wie ihr sie am Ende der Stunde der Klasse vortragen und erläutern wollt. Euer Vortrag als Fachleute eures Freiheitsbereichs darf maximal fünf Minuten dauern."
Teilen Sie anschließend jeder Gruppe eine Karte aus und geben Sie den Schülern zunächst zehn Minuten Zeit zur Diskussion in der Gruppe. Besuchen Sie jede Gruppe und unterstützen Sie die Diskussion. Helfen Sie ggf. beim Gliedern der Diskussionspunkte. Fordern Sie die Gruppe nach Ablauf der zehn Minuten dazu auf, nun vor allem den Vortrag vorzubereiten: *„Ihr habt jetzt noch zehn Minuten Zeit, um euren Vortrag fertigzustellen. Danach trägt die erste Gruppe vor."* Wenn die Vorträge beginnen, sollen die Schüler alle Arbeiten am eigenen Vortrag abbrechen und den anderen Gruppen aufmerksam zuhören. Achten Sie insbesondere auf die korrekte Verwendung der Begriffe „Handlungsfreiheit" und „Willensfreiheit". Wenn allgemein die Rede von Freiheit ist, können Sie z.B. bei passendem Kontext nachfragen, welcher Freiheitsbegriff verwendet wird.

### Hausaufgabe

Als Hausaufgabe können die Schüler einen Fachartikel über die Diskussion ihrer Gruppe formulieren: *„Schreibt einen Fachartikel über die Diskussion eurer Gruppe. Darin sollen die wichtigsten Erkenntnisse über euren Freiheitsbereich zusammengefasst werden."*

# Willens- und Handlungsfreiheit

In der Philosophie werden zwei Freiheitsarten unterschieden: Wenn jemand ohne äußere Zwänge tun kann, was er will, wird das **„Handlungsfreiheit"** genannt. Handlungsfreiheit genießt z.B. Anton, wenn er sich dazu entschieden hat, im Sommer mit Freunden eine Reise nach Frankreich zu machen und das dann auch tatsächlich umsetzen kann. Wer Handlungsfreiheit wahrnimmt, muss daher einen Willen haben, mit dem er sich etwas vornimmt oder sich zu etwas entscheidet. Außerdem ist Handlungsfreiheit abhängig von äußeren Umständen: So wird die Handlungsfreiheit z.B. eingeschränkt, wenn Antons Eltern die Reise verbieten.

Als **„Willensfreiheit"** wird hingegen die Freiheit bezeichnet, überhaupt einen freien Willen zu haben und somit eigene Entscheidungen treffen zu können. Willensfreiheit liegt also vor, wenn das Wollen frei von der betreffenden Person kommt und nicht von etwas oder jemand anderem abhängt, z.B. von einer Vorbestimmung, die genau festlegt, wie sich jemand – bewusst oder unbewusst – entscheiden wird. Ohne Willensfreiheit kann es daher auch keine Handlungsfreiheit geben.

1. **Lies den Text. Erkläre den Unterschied zwischen Willens- und Handlungsfreiheit in eigenen Worten.**
   **Interpretiere in diesem Zusammenhang das obige Bild.**

2. **Erkläre in eigenen Worten, warum es ohne Willensfreiheit auch keine Handlungsfreiheit geben kann.**

# Diskussionskarten

---

Wissenschaftler des Max-Planck-Instituts für Kognitions- und Neurowissenschaften veröffentlichten 2008 eine bahnbrechende Studie: Bereits etliche Sekunden, bevor wir eine Entscheidung bewusst treffen, lässt sich anhand bestimmter Veränderungen in unserem Gehirn mit modernen Maschinen ablesen, wie wir uns entscheiden werden. Die Entscheidung erfolgt also sehr häufig nicht bewusst, sondern steht unbewusst bereits fest, bevor wir uns bewusst entschieden haben!

**1.** Kann es eine Willensfreiheit geben, wenn wir unsere Entscheidungen gar nicht bewusst treffen?

**2.** Welche Voraussetzungen müssen gegeben sein, damit eine Willensfreiheit besteht?

---

„Ich bin frei", rief die Marionette und durchschnitt die Fäden. Und der Computer zog eines Tages den Stecker und sagte: „Heute streike ich."

**1.** Können Gegenstände, z. B. auch Computer oder Roboter, jemals frei sein?

**2.** Welche Voraussetzungen müssten sie dafür erfüllen?

**3.** Welche Voraussetzungen müssen überhaut erfüllt sein, um frei sein zu können?

---

In der Geschichte und auch in der Gegenwart wurden immer wieder Kriege geführt, um Menschen von den Diktatoren, die ihre Länder regierten, zu „befreien".

**1.** Kann Gewalt, z. B. in Form von Kriegen, frei machen?

**2.** Darf man im Namen der Freiheit Kriege („Befreiungskriege") führen? Falls ja, unter welchen Voraussetzungen?

---

Herr B. sitzt im Gefängnis, weil er mehrfach in andere Häuser eingebrochen ist. Er beruft sich auf seine Handlungsfreiheit, dort hinzugehen, wo er will, und findet seine Verurteilung daher ungerecht. Überhaupt findet er, dass der Staat kein Recht hat, Menschen in Gefängnisse zu sperren, weil diese Menschen ihrer natürlichen Freiheit berauben.

**1.** Wie versteht Herr B. den Begriff „Freiheit"?

**2.** Wie könnte hingegen der Staat den Begriff „Freiheit" verstehen?

**3.** Begründet, ob der Staat den Menschen seiner Freiheit berauben darf, um die Freiheit anderer Menschen zu schützen.

# Was bedeutet gutes Handeln?

In der Regel glaubt jeder von sich, ein guter Mensch zu sein. Dennoch passieren in der Welt schlechte Dinge. Wann genau ist ein Mensch eigentlich ein guter Mensch? Genügt es, nichts Böses zu tun (kann man das überhaupt?) oder muss man auch eine bestimmte Menge an Gutem tun? Wie viel Gutes muss man tun, um gerade noch ein guter Mensch zu sein? Und wann ist eine Handlung überhaupt eine gute Handlung?

### Das Gute im Handwörterbuch der Philosophie

### (Rudolf Eisler, Berlin 1913):

„Doch ist nicht alles Gute nur „subjektiv", sondern es gibt auch ein objektiv („intersubjektives") Gutes, d.h. ein Gutes für alle Wertenden, weil in der Natur derselben wurzelnd; ferner ein objektiv Gutes in dem Sinne, daß in den Merkmalen des gewerteten Objekts selbst das objektive „Fundament" liegt, welches zur allgemeingültigen Wertung desselben veranlasst oder zwingt, auch ein objektives Gutes in dem Sinne, daß dessen allgemeine Anerkennung gefordert werden kann (das Sittlichgute). „An sich" gut, ist das von subjektiver Besonderheit und Willkür unabhängig Wertvolle, insbesondere sofern es nicht nur Mittel oder Bedingung eines andern Guten, sondern um seiner selbst willen, schlechthin gewertet, bejaht, gefordert, gewollt, gesollt wird. (…) Keinesfalls fällt das Gute immer mit dem Angenehmen, Lustvollen zusammen (…)."

### ◎ Klassenstufe

ab Klasse 7

### ◎ Kompetenzerwartungen

1. Die Schüler reflektieren den Begriff des Guten in verschiedenen ethisch relevanten Kontexten.

2. Die Schüler verstehen einige philosophische Problemstellungen und Erklärungsansätze insbesondere des guten Handelns.

3. Die Schüler überlegen, wie sie diese Ansätze in ihrem eigenen Alltag umsetzen könnten.

### ◎ Material

☐ 4 möglichst große (mindestens DIN A3) Zeichenblockbögen mit folgenden Überschriften (jeweils eine Überschrift auf einem Bogen):
a) Was ist ein guter Mensch?
b) Was bedeutet gutes Handeln?
c) Was ist das höchste Gut, also der Zweck allen guten Handelns?
d) Was kann ich konkret tun, um gut zu handeln?
☐ mindestens 6 Filzstifte   ☐ Klebeband zum Aufhängen der entstandenen Poster   ☐ Scheren
☐ mehrere Papierkleber   ☐ die Arbeitsblätter „Philosophen und Schriftsteller über das Gute" (S. 50) und „Interview mit Aristoteles" (S. 51) im Klassensatz

### ◎ Stundenverlauf

### Einstieg

Bauen Sie vor Stundenbeginn drei „freie Assoziationsstationen" im Klassenzimmer auf: Schieben Sie dafür drei freie Tische in einige Entfernung voneinander und legen Sie auf jeden einen Zeichenblockbogen mit einer der Überschriften a)–c) und mindestens zwei Stifte. Achten Sie darauf, dass einer der Tische nahe bei der Tür steht. (Wenn Sie eine sehr große Lerngruppe haben, können Sie die Stationen auch verdoppeln, sodass sich nicht so viele Schüler gleichzeitig an einer Station aufhalten.)
Fordern Sie die Schüler zum Stundenbeginn auf, ihre Plätze zu verlassen und in beliebiger Reihenfolge die drei aufgebauten Stationen aufzusuchen. An diesen sollen sie mit den bereitliegenden Stiften durch wenige Wörter ihre Assoziationen zu den jeweiligen Fragestellungen notieren: *„An diesen drei Stationen findet ihr jeweils eine Frage. Schreibt dazu spontan eure Antwort auf. Überlegt nicht zu lange, sondern besucht jede Station zügig. Setzt euch danach wieder ruhig auf eure Plätze."*
Geben Sie den Schülern maximal zehn Minuten Zeit. Hängen Sie dann die entstandenen Assoziationsposter gut sichtbar auf und besprechen Sie diese mit den Schülern, stellen Sie ggf. Fragen zu den jeweiligen Assoziationen. Die Schüler erstel-

len anschließend einen Hefteintrag, in dem sie die wesentlichen Antworten festhalten (Sie können diese z. B. auf den Plakaten unterstreichen, sodass die Schüler wissen, was genau sie abschreiben sollen.)

## Erarbeitung/Sicherung 1

Teilen Sie das Arbeitsblatt „Philosophen und Schriftsteller über das Gute" (S. 50) mit folgender Einführung aus: *„Die Fragen, die ihr hier beantwortet habt, stellen sich Philosophen bereits seit Jahrtausenden. In dieser Doppelstunde erfahrt ihr, was einige darüber gedacht haben."* Lassen Sie nun jedes Zitat von einem anderen Schüler vorlesen und fordern Sie die Klasse anschließend dazu auf, die ersten Aufgaben zu lösen: *„Bearbeitet die Aufgaben 1 und 2 in Partnerarbeit."* Besprechen Sie die Ergebnisse gemeinsam.

## Transfer/Reflexion 1

Die Schüler bearbeiten in Stillarbeit Aufgabe 3 zur kreativen Reflexion. Lassen Sie zum Ende der Stunde einige Schüler (freiwillig) ihre Ergebnisse vorlesen.

## Erarbeitung/Sicherung 2

Teilen Sie zu Beginn der zweiten Stunde das Arbeitsblatt „Interview mit Aristoteles" (S. 51) mit folgendem Arbeitsauftrag aus: *„Bearbeitet während dieser Stunde die Aufgaben 1–3 allein, ohne beim Nachbarn zu spicken. Ihr führt unter anderem ein Interview mit dem berühmten Philosophen Aristoteles. Zur Bearbeitung braucht ihr eine Schere und Klebstoff."* Legen Sie das Poster d) auf die Tischstation nahe der Tür. Besprechen Sie nach 30 Minuten die Ergebnisse in der Klasse.

## Transfer/Reflexion 2

Beenden Sie die Stunde ca. fünf Minuten vor dem Klingeln und lassen Sie die Schüler, wenn sie das Klassenzimmer verlassen, an der vierten Station vorbeigehen. Dort beantworten sie beim Verlassen des Klassenzimmers die Frage: „Was kann ich konkret tun, um gut zu handeln?" Hängen Sie den Bogen, wenn alle Schüler den Raum verlassen haben, zur Motivation auf.

Diese Aufgabe muss in der Regel nicht besprochen werden, da es um persönliche Motivation und eigene Ziele der Schüler auf freiwilliger Basis geht. Ziel ist es, dass die Schüler abschließend das Erlernte in Bezug zum eigenen Alltag setzen.

# Philosophen und Schriftsteller über das Gute

> *Nicht das Leben ist das höchste Gut, sondern das gute Leben. „Gut" leben ist soviel wie „edel und gerecht".*
> — Platon (428/427–348/347 v. Chr.)

> *Das höchste Gut ist die Harmonie der Seele mit sich selbst.*
> — Seneca (ca. 1–65 n. Chr.)

> *Gott will nämlich etwas nicht deswegen, weil es richtig oder gerecht ist, sondern weil Gott es will, ist es richtig oder gerecht.*
> — Gabriel Biel (1415–1495)

> *Der Mensch erstrebt nicht etwas, weil er es für gut hält, sondern er hält es für gut, weil er es erstrebt.*
> — nach Baruch de Spinoza (1632–1677)

> *Nichts ist ohne Einschränkung gut, außer ein guter Wille.*
> — nach Immanuel Kant (1727–1804)

1. **Lies mit einem Partner die Zitate. Schreibt auf, was damit jeweils gemeint sein könnte, oder verbindet sie mit ähnlichen Assoziationen auf euren Plakaten.**

2. **Sucht euch drei Zitate aus. Schreibt eure Meinung zu diesen auf.**

3. **Schreibe ein Gedicht über das, was deiner Meinung nach „gut" ist. Achte dabei darauf, dass du „gut" im Sinn von ethisch gut verwendest, nicht z. B. gute Musik etc.**

4. **Lest eure Gedichte in der Klasse vor. Gebt euch gegenseitig Feedback dazu.**

# Interview mit Aristoteles

---

„Die Baukunst usw. haben aber doch keine ethische Bedeutung …
So würden wir ja ganz viele „Güter" bekommen."
    „Deshalb habe ich eine Art Charts des angestrebten Guten aufgestellt.
    Fast alles Gute wird wieder wegen anderem Guten gewollt."
„Kannst du ein Beispiel geben?"
    „Klar. Wir wollen z. B. arbeiten, um Geld zu verdienen, wir wollen Geld verdienen,
    um ein Haus zu kaufen, wir wollen ein Haus kaufen, um darin mit der Familie
    zu leben usw. Je weiter man fortfährt, desto höherrangig wird das Gute."
„Und geht die Rangfolge der Ziele ewig so weiter?"

---

    „Na ja, was Glückseligkeit bedeutet, wird oft falsch verstanden. Sie hat nichts
    damit zu tun, faul in der Sonne zu liegen. Sie wird stattdessen durch
    das Tätigsein der Seele im Einklang mit der Vernunft erreicht."
„Die Glückseligkeit ist also immer an eine Tätigkeit gebunden?"
    „Ja, genau, eine Tätigkeit. Sie ist eine Handlung, der eine vernünftige Entscheidung
    für das Gute voranging. Und zwar immer wieder. Bei allem, was man entscheiden kann,
    sollte man sich fragen, was das Gute ist und dieses tun. Bis zum Lebensende.
    Denn erst am Ende allen Handelns können wir bewerten, wie gut jemand war."

---

    „Nein. Am Ende der Rangfolge, ganz oben, steht das höchste Gut, das nicht mehr
    um eines anderen willen, sondern um seiner selbst willen gewollt wird.
    Das höchste Gut ist das Endziel allen Strebens und damit das Ende der Rangfolge."
„Und was ist das höchste Gut konkret?"
    „Ich nenne es die Eudaimonia. Das bedeutet: Glückseligkeit."
„So was wie Glück?"

---

„Aristoteles, was ist denn nun das Gute?"
    „Das Gute ist das, wonach alles strebt."
„Was soll das denn bedeuten?"
    „Bei jeder Handlung und jedem Entschluss ist
    das Gute das, um dessentwillen alles andere unternommen wird,
    z. B. bei der Heilkunst die Gesundheit oder bei der Baukunst das Haus."

---

*(Informationen nach: Aristoteles: Nikomachische Ethik, in der Übersetzung von Olof Gigon, 6. Auflage, dtv, 2004)*

1. **Das „Interview mit Aristoteles" ist in den mehr als 2000 Jahren
   seit seinem Tod durcheinandergeraten.
   Schneide die Streifen entlang der Linien aus und klebe sie
   in der richtigen Reihenfolge in dein Heft.**

2. **Erkläre in eigenen Worten, was die Eudaimonia für Aristoteles bedeutet.**

3. **Schreibe deine Meinung zu Aristoteles' Theorie ins Heft.**

© Verlag an der Ruhr | Autorin: Regine Rompa | ISBN 978-3-8346-2525-0 | www.verlagruhr.de | 30 x 90 Minuten | **Philosophie/Ethik** |51

# Altern in verschiedenen Kulturen

„Altern, Sterben, Tod" ist in zahlreichen Bundesländern Lehrplanthema im Fach Ethik. Mit Jugendlichen über das Altern zu sprechen, gestaltet sich dabei nicht immer ganz einfach, da das Thema vom eigenen Alltag noch weit entfernt ist. Darüber hinaus haben viele Jugendliche überhaupt keinen oder wenig Kontakt zu älteren Menschen (z. B. wenn die Großeltern weit weg wohnen oder bereits verstorben sind). Enge Kontakte von Jugendlichen zu älteren Menschen sind erfahrungsgemäß eher selten.

## *Annäherung an das Thema über verschiedene Kulturen*

Durch die Sicht darauf, wie in verschiedenen Kulturen mit dem Thema Altern umgegangen wird, ist ein Perspektivwechsel möglich, der eine neue Sicht auch auf den Umgang mit dem Alter in unserer Gesellschaft zulässt. Diese neue Sicht schafft den Spielraum für eine ethische Auseinandersetzung mit der Thematik.

## ◎ Klassenstufe

ab Klasse 9

## ◎ Kompetenzerwartungen

1. Die Schüler wissen exemplarisch, wie in einigen anderen Kulturen mit dem Thema Altern umgegangen wird.

2. Die Schüler reflektieren den Umgang mit dem Alter in unserer Gesellschaft.

3. Die Schüler suchen nach Ursachen und „Verbesserungsmöglichkeiten".

## *Material*

☐ Folienvorlage „Bilder vom Alter" (S. 54)
☐ das Arbeitsblatt „Jeder altert – aber nicht auf gleiche Weise!" (S. 55) im Klassensatz   ☐ der Fragebogen „Erfahrungen mit älteren Menschen" (S. 56) im halben Klassensatz – in der Mitte geteilt

## ◎ Stundenverlauf

### *Einstieg*

Fordern Sie die Schüler dazu auf, Kleingruppen zu bilden und erklären Sie ihnen, dass sie ein Standbild zum Thema „Alter" bauen sollen: *„Bildet Gruppen von maximal fünf Schülern. Ihr habt zehn Minuten Zeit, euch ein Standbild zu überlegen, das das Thema „Alter", „altern" oder Dinge, die mit „altern" zu tun haben, ausdrückt."* Beenden Sie die Gruppenarbeit nach zehn Minuten und fordern Sie die erste Gruppe auf, ihr Ergebnis aufzuführen. Während der Aufführungen dürfen die anderen Gruppen nicht mehr arbeiten, sondern sollen aufmerksam beobachten. Diskutieren Sie nach jedem Standbild zunächst mit den „Zuschauerschülern", was die jeweilige Gruppe damit zum Thema Altern aussagen wollte und schreiben Sie die wichtigsten Kommentare an die Tafel/auf eine Folie. Befragen Sie erst dann die Gruppe selbst nach deren Intentionen und notieren Sie diese ebenfalls, sodass am Ende eine Liste mit Assoziationen zum Altern entsteht. Diskutieren Sie diese abschließend gemeinsam. Leitfrage könnte z. B. sein: *„Was bedeutet Altern in unserer Gesellschaft?"*

### *Erarbeitung/Sicherung*

Legen Sie dann die Folienvorlage „Bilder vom Alter" (S. 54) auf, um die Diskussion zu vertiefen und zu gliedern: *„Betrachtet die Bilder auf dieser Folie. Wie wird das Thema Altern dargestellt?"* Sammeln Sie Antworten zu jedem Bild. *„Wie wird das Altern in unserer Kultur dargestellt? Wie in der anderen? Wie beurteilt ihr diese Darstellung?"* Lassen Sie die Schüler abschließend zu jedem Bild in einem Satz einen Eindruck des jeweiligen Bildes auf sie ins Heft schreiben.
Lassen Sie im Anschluss an die Antworten ggf. Schüler mit Migrationshintergrund aus eigener Erfahrung Unterschiede in der Behandlung alter Menschen bei uns und in deren jeweiligen Ursprungsländern beschreiben.

Zu Beginn der zweiten Stunde dürfen einige Schüler ihre Eindrücke zu den Bildern zum Thema

„Altern" vorlesen. Teilen Sie dann das Arbeitsblatt „Jeder altert – aber nicht auf gleiche Weise!" (S. 55) aus und fordern Sie die Schüler zum Bearbeiten der ersten Aufgaben auf: *„Lest den obigen Text und bearbeitet Aufgabe 1 und 2 allein in Stillarbeit."*

Besprechen Sie anschließend die Ergebnisse in der Klasse, bevor die Schüler den Fragebogen ausfüllen (Aufgabe 3): *„Füllt diesen Fragebogen innerhalb der nächsten zehn Minuten aus. Seid unbedingt ehrlich, es gibt hier kein ‚richtig' oder ‚falsch', sondern es geht nur um das Kennenlernen des Ist-Zustands."* Werten Sie nach Ablauf der zehn Minuten die Ergebnisse in der Klasse gemeinsam aus.

### Transfer/Reflexion

Diskutieren Sie in der Klasse die Aufgabe 4. Bei den Schlussfolgerungen können Sie zum weiteren Reflektieren anregen, indem Sie z. B. danach fragen, welche Folgen es für den Einzelnen/für eine Gesellschaft hat, wenn junge und alte Menschen kaum Kontakt zueinander haben (Ergebnisse könnten sein: die gegenseitigen Probleme und Wünsche werden nicht gehört, alte Menschen fühlen sich eventuell allein, da Gleichaltrige versterben und sich die jüngeren ggf. nicht kümmern, die Jungen lernen nicht von den Alten, die Alten lernen nicht von den Jungen (z. B. in Bezug auf neue Technik), es kann zur Entfremdung kommen, die auch politisch problematisch sein kann, da die Alten wählen dürfen, die Jugendlichen noch nicht etc.).

Bearbeiten Sie abschließend Aufgabe 5 im Plenum.

Zwei zusätzliche Wahlaufgaben können bei ausreichendem Zeitfenster mit einbezogen werden, um den Unterricht handlungsorientierter zu gestalten:

1. **Wahlaufgabe 1:**
   **Stellt euren Plan einer Seniorengruppe vor. Befragt diese anschließend nach ihrer Meinung dazu.**

2. **Wahlaufgabe 2:**
   **Besucht in Kleingruppen ein Seniorenheim in eurem Ort oder nehmt an einem Seniorentreffen teil. Befragt dort ältere Menschen nach ihrem Tagesablauf, ihrem Befinden und ihren Wünschen. Berichtet in der Klasse von euren Ergebnissen.**

Weisen Sie zum Ende der Stunde auf die freiwillige Wahlaufgabe 2 hin. Wahlaufgabe 1 können Sie gemeinsam mit der Klasse organisieren, falls Sie über ausreichend Zeit für dieses Thema verfügen.

### ◎ Tipp

Alternativ zur Folie eignet sich zum Einstieg in die zweite Stunde auch der Radiobeitrag von SWR 4 Baden-Württemberg zur Studie des Instituts für Gerontologie der Universität Heidelberg im Auftrag der Robert Bosch Stiftung und des Bundesministeriums für Familie, Senioren, Frauen und Jugend, den Sie auf dieser Seite kostenlos abspielen können: www.bosch-stiftung.de/content/language1/html/26959.asp

# Bilder vom Alter

# Jeder altert – aber nicht auf gleiche Weise! (1/2)

Eine Langzeitstudie in verschiedenen Ländern zeigt, dass Altern entgegen den Klischees überall sowohl mit Chancen, Gewinnen und Stärken als auch mit Verlusten, Risiken und Schwächen verbunden wird. Einen großen Unterschied in der Behandlung macht es allerdings, aus welcher Schicht die jeweiligen alten Personen kommen, in welcher Region des Landes sie leben und welches Geschlecht sie haben. Dennoch gibt es auch einige Unterschiede, die typisch für die verschiedenen Länder sind:

- In Bali (Indonesien) gelten alte Menschen aus religiösen Gründen als besonders frei und rein, da sie der Beerdigung näher sind und diese als Reinigung der Seele verstanden wird, die danach in einem Baby wiedergeboren wird.

- In Brasilien hat Körperkult Tradition. Hier lassen ältere Menschen höherer Schichten besonders viele Schönheitsoperationen durchführen, um jünger auszusehen. Frauen werden in Brasilien außerdem sehr viel früher als alt wahrgenommen als Männer.

- In Japan und Norwegen arbeiten Menschen besonders häufig bis ins höhere Alter. In diesen Ländern wird Altern außerdem am positivsten bewertet. In Japan kümmern sich besonders viele Menschen selbst um ihre eigenen, alten Eltern, die bis ins hohe Alter in der Familie bleiben.

*(Informationen nach: Studie des Instituts für Gerontologie der Universität Heidelberg im Auftrag der Robert Bosch Stiftung und des Bundesministeriums für Familie, Senioren, Frauen und Jugend, 2009)*

1. **Lies den Text zur Studie zum Thema „Altern". Überlege auf Grundlage des Textes, welche Faktoren beeinflussen, ob Altern in einer Gesellschaft als positiv oder negativ wahrgenommen wird. Schreibe deine Antwort ins Heft.**

2. **Vergleiche die Situation in den einzelnen Ländern mit der in Deutschland. Überlege, worin Gemeinsamkeiten und Unterschiede bestehen könnten. Schreibe in dein Heft.**

3. **Fülle den Fragebogen aus. Wertet eure Ergebnisse anschließend gemeinsam in der Klasse aus.**

4. **Zieht Schlussfolgerungen aus dem Ergebnis und schreibt sie ins Heft.**

5. **Entwerft einen Plan für mehr Austausch zwischen jungen und alten Menschen.**

© Verlag an der Ruhr | Autorin: Regine Rompa | ISBN 978-3-8346-2525-0 | www.verlagruhr.de | 30 x 90 Minuten | **Philosophie/Ethik**

**12**

# Jeder altert – aber nicht auf gleiche Weise! (2/2)

## ◎ Erfahrungen mit älteren Menschen

1. Wann hast du zum letzten Mal mit einem alten Menschen gesprochen?

.................................................................................................................................

Nenne auch den Anlass. ...........................................................................................

2. Wie viele alte Menschen kennst du gut? ...........................................................

.................................................................................................................................

3. Wie oft sprichst du in der Woche mit alten Menschen?

.................................................................................................................................

4. Wann hast du zum letzten Mal einem alten Menschen geholfen oder ihn besucht?

.................................................................................................................................

Nenne auch den Anlass. ...........................................................................................

- - - - - - - - - - - - - - - - - - - - - - - - - - - - - - - - - - - - - - - - - - - - - - - - - - - - - - - - - - - - - -

## ◎ Erfahrungen mit älteren Menschen

1. Wann hast du zum letzten Mal mit einem alten Menschen gesprochen?

.................................................................................................................................

Nenne auch den Anlass. ...........................................................................................

2. Wie viele alte Menschen kennst du gut? ...........................................................

.................................................................................................................................

3. Wie oft sprichst du in der Woche mit alten Menschen?

.................................................................................................................................

4. Wann hast du zum letzten Mal einem alten Menschen geholfen oder ihn besucht?

.................................................................................................................................

Nenne auch den Anlass. ...........................................................................................

# Ich und
# die anderen

# Freundschaft

Freundschaft ist eines der großen Lehrplan-themen im Bereich Ethik. Zudem ist sie bei den Schülern in der Regel ein beliebtes Thema, das für sie alltagsnah, wichtig und meistens spannend ist.

### Philosophische Ansätze

Dass Freundschaft ein philosophisches Thema ist, mag einige Schüler verwundern. Bereits die alten griechischen Philosophen hatten jedoch genaue Vorstellungen davon, was Freundschaft ausmacht: So unterscheidet Aristoteles (384–322) in der „Nikomachischen Ethik" die Freundschaft der Lust (die man heutzutage als „Spaßfaktor" beschreiben könnte), die Freundschaft des Nutzens (heutige „Zweckfreundschaft") und die vollkommene Freundschaft. Letztere erkenne man daran, dass sie dauerhaft und um des Freundes selbst bzw. seiner Persönlichkeit willen geschlossen werde. Eine weitere berühmte Position zur Freundschaft nimmt Michel de Montaigne (1533–1592) ein, dessen Begründung seiner Freundschaft zu Ètienne de La Boétie berühmt wurde: Er sei mit ihm befreundet, „weil er er war, weil ich ich war." Aus dieser Begründung geht bereits die Besonderheit und Unaustauschbarkeit der Freundschaft gut hervor, die später in der Romantik noch stärker betont wurde, z. B. in der Freundschaft zwischen Johann Wolfgang von Goethe (1749–1832) und Friedrich Schiller (1759–1805), und den Freundschaftsbegriff bis heute prägt.

### ◎ Klassenstufe

ab Klasse 8

### ◎ Kompetenzerwartungen

1. Die Schüler isolieren Merkmale von Freund-schaft.

2. Die Schüler vergleichen exemplarisch Freund-schaften früher und heute und entdecken Übereinstimmungen und Unterschiede im Freundschaftsbegriff.

3. Die Schüler reflektieren die Bedeutung von Freundschaft für das eigene Leben, indem sie die eigenen Ansichten über Freundschaft analysieren und begründen.

### ◎ Material

☐ das Lied „Freunde" von den Toten Hosen (z. B. auf www.youtube.de)   ☐ geeignetes Ab-spielgerät mit guter Soundqualität (z. B. Laptop) ☐ das Arbeitsblatt „Schiller an Goethe – ein Brief" (S. 60) im Klassensatz   ☐ Folievorlage „Diskussionsfragen" (S. 61)   ☐ 1 DIN-A3-Poster je 3 oder 4 Schüler

### ◎ Stundenverlauf

### Einstieg

Spielen Sie zunächst ohne weitere Ankündigun-gen das Lied „Freunde" von den Toten Hosen vor. Fragen Sie dann die Klasse zunächst, worum es in diesem Lied geht, und anschließend, welche Merkmale von Freundschaft im Lied genannt wurden (z. B. Spaß, Zusammenhalt, verzeihen, Verständnis, Rückhalt etc.). Sammeln Sie einige Antworten an der Tafel.
Spielen Sie das Lied daraufhin erneut, damit die Schüler die Angaben vervollständigen können (während des Vorspielens sollten sich die Schüler Notizen machen dürfen). Fragen Sie die Schüler dann, ob sie Freundschaft ähnlich sehen wie in diesem Lied.
Fordern Sie sie dann zu folgender Aufgabe auf: „Schreibt selbst eine Zusatzstrophe zu dem Lied. Beschreibt darin, was für euch eine Freundschaft ausmacht."

### Erarbeitung/Sicherung

Teilen Sie das Arbeitsblatt „Schiller an Goethe – ein Brief" (S. 60) aus. Fordern Sie die Schüler dazu auf, die ersten Aufgaben in Partnerarbeit zu lösen: „Bildet 2er-Gruppen und bearbeitet die Aufgaben 1 und 2. Vergleicht bei Aufgabe 2 die Freundschaftsmerkmale, die Schiller in seinem Brief anspricht, mit denen aus dem Lied der Toten Hosen." Geben Sie für die Bearbeitung etwa

10 bis 15 Minuten Zeit und besprechen Sie die Ergebnisse dann im Plenum.

## Transfer/Reflexion

Kündigen Sie an, dass die Schüler im Folgenden ihre eigenen Ansichten zum Thema Freundschaft reflektieren werden und legen Sie die Folie „Diskussionsfragen" (S. 61) auf. Fordern Sie die Schüler dazu auf, sich bis zum Ende der Stunde allein mit einer Diskussionsfrage ihrer Wahl zu beschäftigen: *„Wählt selbst eine Frage aus, die euch interessiert. Denkt während der folgenden fünf Minuten still darüber nach und macht euch Notizen."*

Bitten Sie die Schüler zu Beginn der zweiten Stunde, 3er- oder 4er-Gruppen zu bilden. Teilen Sie jeder Gruppe ein Poster aus: *„Stellt euch gegenseitig die Diskussionsfragen, die ihr gewählt habt, und eure Überlegungen dazu vor. Die anderen dürfen Fragen stellen und Kommentare dazu abgeben. Erstellt anschließend anhand dieser Überlegungen ein Poster mit euren Ansichten über Freundschaft. Nutzt dafür die Placemat-Methode: Teilt dazu das Poster in vier etwa gleich große Felder sowie einen Kreis in der Mitte auf. Jedes Gruppenmitglied schreibt seine Ansichten über die Frage „Was ist Freundschaft?" nun in eines der vier Felder. Diskutiert daraufhin gemeinsam eure Ergebnisse und schreibt die Antworten, auf die ihr euch alle einigen könnt, in den Kreis in der Mitte. Ihr habt dafür 25 Minuten Zeit."*
Hängen Sie die Poster nach Ablauf der Zeit für alle Schüler gut sichtbar im Klassenzimmer auf oder legen Sie diese alternativ auf dem Boden aus und bilden Sie mit der Klasse einen Stuhlkreis um diese herum. Diskutieren Sie die Antworten, die Sie auf den Postern finden, nun im Plenum mit der ganzen Klasse. Lassen Sie bei der Diskussion kontroverse Standpunkte zu und fordern Sie die Schüler jeweils dazu auf, diese zu begründen. Stellen Sie gemeinsam mit den Schülern eine Klassendefinition von „Freundschaft" auf, auf die sich alle einigen können.

## Hausaufgabe

Geben Sie den Schülern die Aufgabe: *„Beschreibe einen Freund oder eine Freundin. Nenne dabei die Merkmale, die dir für eure Freundschaft besonders wichtig sind und begründe deine Einschätzung."*
In der nächsten Stunde können Sie dann überprüfen, inwiefern die Beschreibungen mit der Klassendefinition übereinstimmen.

## ◎ Tipps

Zeichnen Sie in Klassen, die noch nicht mit der Placemat-Methode gearbeitet haben, das Prinzip der Felderaufteilung zum leichteren Verständnis an die Tafel.

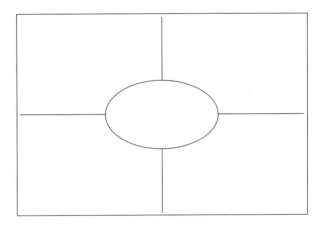

Zur Vertiefung kann mit der Klasse der folgende philosophische Arte-Filmbeitrag „Philosophie Freundschaft" (26 Minuten) angesehen und anschließend diskutiert werden:
www.arte.tv/de/content/tv/02__Universes/U1__Comprendre__le__monde/ 03-Dossiers/2008__09__18__ Philosophie/01_20Articles/ edition-2009.07.05/07-amiti_C3_A9/ 2727790.html

# Schiller an Goethe – ein Brief

*Jena, den 31. August 1794*

*Bei meiner Zurückkunft aus Weißenfels, wo ich mit meinem Freunde Körner aus Dresden eine Zusammenkunft gehabt, erhielt ich Ihren vorletzten Brief, dessen Inhalt mir doppelt erfreulich war. Denn ich ersehe daraus, daß ich in meiner Ansicht Ihres Wesens Ihrem eigenen Gefühl begegnete, und daß Ihnen die Aufrichtigkeit, mit der ich mein Herz darin sprechen ließ, nicht mißfiel. Unsre späte, aber mir manche schöne Hoffnung erweckende, Bekanntschaft ist mir abermals ein Beweis, wie viel besser man oft thut, den Zufall machen zu lassen, als ihm durch zu viele Geschäftigkeit vorzugreifen. Wie lebhaft auch immer mein Verlangen war, in ein näheres Verhältniß zu Ihnen zu treten, als zwischen dem Geist des Schriftstellers und seinem aufmerksamsten Leser möglich ist, so begreife ich doch nunmehr vollkommen, daß die so sehr verschiedenen Bahnen, auf denen Sie und ich wandelten, uns nicht wohl früher, als gerade jetzt, mit Nutzen zusammen führen konnten. Nun kann ich aber hoffen, daß wir, so viel von dem Wege noch übrig sein mag, in Gemeinschaft durchwandeln werden, und mit um so größerm Gewinn, da die letzten Gefährten auf einer langen Reise sich immer am meisten zu sagen haben. (...)*

*Sie wollten, daß ich von mir selbst reden sollte, und ich machte von dieser Erlaubniß Gebrauch. Mit Vertrauen lege ich Ihnen diese Geständnisse hin, und ich darf hoffen, daß Sie sie mit Liebe aufnehmen. (...) Alles bei uns empfiehlt sich Ihrem freundschaftlichen Andenken, und ich bin mit der herzlichsten Verehrung*

*der Ihrige*

*Schiller*

1. Lest den Brief, den Friedrich Schiller an Johann Wolfgang von Goethe geschickt hat. Unterstreicht die Merkmale, aus denen man auf eine Freundschaft zwischen den Schriftstellern schließen kann.

2. Vergleicht die Merkmale der Freundschaft zwischen Schiller und Goethe mit zeitgemäßen Merkmalen der Freundschaft, die ihr erarbeitet habt. Notiert in einer Tabelle Gemeinsamkeiten und Unterschiede.

# Diskussionsfragen

Dürfen gute Freunde
Geheimnisse voreinander
haben?
Wenn ja, welche?

Nach welchen
Kriterien sollte man
seine Freunde
auswählen?

Sollte der beste
Freund besser anders
als man selbst oder
ähnlich sein?

Wie viele Freunde
braucht man
mindestens?

Was ist die wichtigste
Eigenschaft für eine
gute Freundschaft?

Wann endet eine
Freundschaft?
Nenne allgemeine
Aspekte oder konkrete
Situationen.

Was ist der Unterschied
zwischen Freundschaft
und Liebe?

Wie viele gute
Freunde kann man
maximal haben?

Was sollte man niemals für
einen Freund tun, auch
wenn dieser einen darum
bittet?

Was ist der Unterschied
zwischen Freundschaft und
Familie?

# Liebe und die Kugelmenschen

Das Thema „Liebe" ist ein beliebtes Lehrplanthema. Allerdings ist bei der Erarbeitung – mitten in der Pubertät – Fingerspitzengefühl besonders gefragt. In dieser Doppelstunde setzen sich die Schüler mit dem Thema über Platons (428/427 – 348/347) Kugelmenschen und Richard David Prechts (*1964) modernen Thesen auseinander.

## Platons Kugelmenschen und die moderne Neurologie

Platon beschreibt im „Symposion" einen fiktiven Dialog, in dem der Komödiendichter Aristophanes die Geschichte der Kugelmenschen erzählt. Diese Erzählung erklärt in kreativer Form, warum Männer und Frauen einander begehren und was das eigentlich ist, das sich dabei zwischen ihnen abspielt. Sicher hat Platon nicht geglaubt, dass diese Geschichte wahr ist. Wahrscheinlicher ist, dass er sie metaphorisch gemeint hat.

In den modernen Kontext der Neurologie gerückt, wie es unter anderem der Philosoph Richard David Precht in seinem populärwissenschaftlichen Sachbuch „Liebe" tut, treten verschiedene Sichtweisen von Liebe zutage, die gemeinsam mit den Schülern analysiert werden können.

*Richard David Precht*

## ◎ Klassenstufe

ab Klasse 8

## ◎ Kompetenzerwartungen

1. Die Schüler lernen Platons Geschichte der Kugelmenschen kennen und verstehen.

2. Die Schüler lernen einige zentrale Erkenntnisse der modernen Neurologie u. a. kennen und verstehen.

3. Die Schüler reflektieren, was „Liebe" ist.

## ◎ Material

☐ die Arbeitsblätter „Die Geschichte der Kugelmenschen" (S. 64) und „Wissenschaft und Liebe" (S. 65) im Klassensatz ☐ das Lied „Liebe ist" von Nena (z. B. auf <u>www.youtube.com</u>) ☐ eine Möglichkeit, es abzuspielen (z. B. auf dem Laptop, CD-Player etc.)

*Platon*

## ◎ Stundenverlauf

### *Einstieg*

Fordern Sie die Schüler dazu auf, in einer Blitzlichtumfrage zu nennen, was sie mit dem Begriff „Liebe" verbinden. Die Antworten sollten stichwortartig in rascher Folge hintereinander gegeben werden. Es geht um erste spontane Assoziationen der Schüler, nicht um tiefe Überlegungen.

### *Erarbeitung/Sicherung*

Erklären Sie den Schülern in einigen frontal vermittelten Sätzen, dass das Thema „Liebe" ein sehr altes Thema ist, mit dem sich die westliche Philosophie allerdings noch nicht lange beschäftigt. Das liegt vor allem daran, dass diese „Verstand/Vernunft" und „Gefühl" traditionell trennt. Da die Philosophie zur Argumentation auf Verstandeswerkzeuge der Logik angewiesen ist, blieben den Gefühlen gegenüber stets Vorbehalte. Dennoch gibt es auch einige kleinere Belege von Philosophen, die das Thema „Liebe" schon in der Antike angesprochen haben. Ein solches Beispiel ist die Geschichte der Kugelmenschen (mehr dazu s. o.).

Teilen Sie nun das Arbeitsblatt „Die Geschichte der Kugelmenschen" (S. 64) aus und fordern Sie einen Schüler dazu auf, langsam und deutlich vorzulesen. Erarbeiten Sie im Folgenden zunächst das Textverständnis anhand der Aufgaben 1–4. Die Bearbeitung empfiehlt sich im Plenum.

### *Transfer/Reflexion*

Im Anschluss an das Textverständnis sollte die Geschichte interpretiert werden. Dafür eignen sich die Aufgaben 5 und 6, die den Rest der Stunde in Einzel- oder Partnerarbeit erarbeitet werden können.

Beginnen Sie die zweite Stunde mit der Ergebniskontrolle. Die Stellungnahme ist offen; geprüft werden sollte lediglich, dass die Argumentation, die zu dieser führt, stringent ist.

### *Erarbeitung/Sicherung*

Teilen Sie im Anschluss das Arbeitsblatt „Wissenschaft und Liebe" (S. 65) aus: *„Erarbeitet die Aufgaben 1–3 in Stillarbeit."* Besprechen Sie im Anschluss die Ergebnisse.

### *Transfer/Reflexion*

Aufgabe 4 eignet sich zur Differenzierung für schnellere Schüler. Lassen Sie einige Dialoge am Ende der Stunde oder zu Beginn der nächsten vorstellen.

## ◎ Tipps

Sehen Sie sich mit der Klasse zur Vertiefung den philosophischen Videobeitrag zum Thema „Liebe zu Zeiten der Krise" mit Richard David Precht an und diskutieren Sie ihn im Anschluss: www. youtube.com/watch?v=McARZVdODmY (4:37 min)

Für eine persönliche Reflexion der Thematik könnten die Schüler abschließend folgende Aufgabe erarbeiten: *„Liebe ist für mich …". Vervollständige auf einem Zettel, falte ihn in eine Blechdose und vergrabe ihn als ‚Zeitkapsel' an einer Stelle, von der außer dir niemand weiß. Grabe ihn zu einem Zeitpunkt in der Zukunft aus, wenn du dich gerade mit der Liebe, ihren Problemen oder Herausforderungen beschäftigst."*

# Die Geschichte der Kugelmenschen

Der Geschichte nach gab es zu einer früheren Zeit einmal drei Geschlechter: „Mann", „Weib" und „Mannweib". Platon erzählt im „Symposium" mehr vom Mannweib, von dem wir heutigen Menschen alle abstammen und das den Ursprung der Liebe erklären sollte:

„Ferner war damals die (…) Gestalt jedes Menschen rund, indem Rücken und Seiten im Kreise herumliefen, und ein jeder hatte vier Hände und (…) Füße und zwei einander durchaus ähnliche Gesichter (…) zu den beiden nach der entgegengesetzten Seite von einander stehenden Gesichtern aber einen gemeinschaftlichen Kopf, ferner vier Ohren und zwei Schamteile (…); Sie waren daher auch von gewaltiger Kraft und Stärke und gingen mit hohen Gedanken um, so daß sie selbst an die Götter sich wagten; (…) daß sie sich einen Zugang zum Himmel bahnen wollten, um die Götter anzugreifen. Zeus nun und die übrigen Götter hielten Rat, was sie mit ihnen anfangen sollten, und sie wußten sich nicht zu helfen, denn sie wünschten nicht, sie zu töten und ihre ganze Gattung zugrunde zu richten, (…) denn damit wären ihnen auch die Ehrenbezeugungen und Opfer von den Menschen gleichzeitig zugrunde gegangen, noch auch durften sie sie ungestraft weiter freveln lassen. Endlich (…) sprach Zeus: ‚Ich glaube ein Mittel gefunden zu haben, wie die Menschen erhalten bleiben können und doch ihrem Übermut Einhalt geschieht (…). Ich will nämlich jetzt jeden von ihnen in zwei Hälften zerschneiden, und so werden sie zugleich schwächer (…).' Nachdem er das gesagt, schnitt er die Menschen entzwei. (…) Als nun so ihr Körper in zwei Teile zerschnitten war, da trat jede Hälfte mit sehnsüchtigem Verlangen an ihre andere Hälfte heran, und sie schlangen die Arme um einander und hielten sich umfaßt, voller Begierde, wieder zusammenzuwachsen, und so starben sie vor Hunger und Vernachlässigung ihrer sonstigen Bedürfnisse, da sie nichts getrennt von einander tun mochten. (…) Da erbarmte sich Zeus (…), indem er ihnen die Geschlechtsglieder nach vorne versetzte; denn bisher trugen sie auch diese nach außen und erzeugten und gebaren nicht ineinander, sondern in die Erde wie die Zikaden. Er tat das zu dem Zwecke, daß, wenn dabei ein Mann auf ein Weib träfe, sie in der Umarmung zugleich erzeugten und so die Gattung fortgepflanzt würde (…). Seit so langer Zeit ist demnach die Liebe zu einander den Menschen eingeboren und sucht die alte Natur zurückzuführen und aus zweien eins zu machen und die menschliche Schwäche zu heilen."

*(Quelle: Platon: SYMPOSION. (Convivium).*
*www.opera-platonis.de/Symposion.html)*

1. **Erklärt, worum es in diesem Text geht.**

2. **Beschreibt, um wen es sich beim „Mannweib" in der Geschichte handelt.**

3. **Begründet, warum Zeus das Mannweib in „Mann" und „Weib" geteilt hat.**

4. **Erläutert die Folgen der Teilung für das Mannweib und die Reaktion des Zeus.**

5. **Analysiert im Heft den Begriff von „Liebe", den die Geschichte vermittelt.**

6. **Nehmt Stellung zu dieser Sichtweise von Liebe.**

# Wissenschaft und Liebe

Für das Gefühl der Verliebtheit ist das ................................................. Phenylethylamin verantwortlich.

Eine hohe Dosis spielt uns vor, dass der Mensch, in den man sich ................................................. hat,

das romantische Ideal schlechthin ist. Man will ständig in seiner oder ihrer .................................................

sein. Biologisch kann dieser Verliebtheitszustand maximal drei ................................................. lang

anhalten. Länger kann der menschliche Körper die hohe Dosis des Hormons nicht ertragen.

Wie wird aus diesem Gefühl .................................................? Liebe und Lust aktivieren im

................................................. unterschiedliche Regionen, treten also getrennt voneinander auf.

„Letztlich ist Liebe auch nichts anderes als eine Art Sucht", so der Gehirnforscher James Pfaus in einem

Artikel des „Journal of Sexual Medicine" 2012. Sie könne sich aus den befriedigenden

................................................. gestillter Lust entwickeln. So ganz enträtselt das die Liebe nicht.

Eine andere ................................................. hat vor wenigen Jahren der Populärphilosoph

Richard David Precht vorgetragen: ................................................. mache seiner Ansicht nach nur die

................................................. Sinn (denn häufige Partnerwechsel wären evolutionär gesehen

schließlich sinnvoller zur Vermehrung der Spezies). Sie stelle sicher, dass sich Mütter um die Aufzucht

ihrer ................................................. bemühen würden. Für Precht ist .................................................

Liebe zu nur einer Person, wie wir sie heute zum ................................................. haben, nur ein

................................................., das aus der Mutterliebe entstanden ist. In der ................................................., wenn

sich Kinder von der Elternliebe lösen, kompensieren sie laut Precht den Verlust von .................................................

der Geborgenheit, indem sie diese bei Gleichaltrigen suchen. Da in der gleichen Zeit sexuelle Wünsche

aufkommen, werden Sex und Liebe in einer ................................................. vereint gesucht – weil uns dieses

romantische Ideal seit dem 18. Jahrhundert ................................................. so vermittelt wird.

## *Lückenwörter:*

☐ verliebt  ☐ Erfahrungen  ☐ Evolutionsbiologisch  ☐ kulturell  ☐ Nähe  ☐ Liebe  ☐ Gehirn
☐ Mutterliebe  ☐ romantische  ☐ Kinder  ☐ Ideal  ☐ Jahre  ☐ Hormon  ☐ Nebenprodukt
☐ Pubertät  ☐ Person  ☐ Erklärung  ☐ Gefühlen

1. **Fülle den Lückentext aus.**

2. **Erkläre den Unterschied zwischen Verliebtheit und Liebe anhand
   der Informationen aus dem Lückentext.**

3. **Vergleiche die wissenschaftliche Sicht auf die Liebe mit der Sicht,
   die Platon in den Kugelmenschen äußert. Notiere die Unterschiede im Heft.**

4. **Bildet 2er-Gruppen. Verteilt die Rollen Platon und Richard David Precht.
   Führt miteinander eine Diskussion über das Thema „Liebe".
   Achtung: Es geht nicht um eure eigenen Meinungen, sondern um die Darstellung
   der Meinungen der Philosophen, die ihr vertretet.**

# Cybermobbing

Die Ethik-Lehrpläne vieler Bundesländer beinhalten mittlerweile das Thema „Mobbing". Dabei wird es meist möglichst eng an die Lebenswelt der Jugendlichen angeknüpft, sodass die Jugendlichen selbst die ethische Wertung erarbeiten können.

### Fakten zum Cybermobbing

2011 kam eine repräsentative Studie der Universität Münster zusammen mit der Techniker Krankenkasse zu dem schockierenden Ergebnis, dass 32 % der Jugendlichen und jungen Erwachsenen zwischen 14 und 20 Jahren bereits einmal Opfer von Cybermobbing (= Mobbing im Internet) geworden sind. 21 % der Befragten gaben an, dass sie sich vorstellen könnten, selbst zum Täter zu werden. Nur etwas mehr als die Hälfte der Jugendlichen hatten im Unterricht einmal über Cybermobbing gesprochen. (Quelle: www.tk.de/centaurus/servlet/contentblob/496150/Datei/3425/Forsa-Umfrage%20Cybermobbing%20Bund.pdf) Das Problem wird als eines der größten Risiken der mit dem Internet aufwachsenden Generation eingestuft.
Vor diesem Hintergrund besteht hoher Bedarf, an den Schulen über das Problem Cybermobbing zu sprechen. Insbesondere der Ethikunterricht bietet

Platz, das Thema im Zusammenhang mit Moral (z. B. Zivilcourage) zu besprechen.

### ◎ Klassenstufe

ab Klasse 7/8

### ◎ Kompetenzerwartungen

1. Die Schüler kennen den Begriff „Cybermobbing".

2. Die Schüler vollziehen die Gefühle der Opfer nach.

3. Die Schüler lernen, was sie selbst tun können, um sich und andere vor Cybermobbing zu schützen.

### ◎ Material

☐ die Arbeitsblätter „Statistik und Fallbeispiel zum Cybermobbing" (S. 68) und „Maßnahmen zum Schutz vor Mobbing im Internet" (S. 69) im Klassensatz  ☐ 1 Uhr  ☐ 1 DIN-A3-Plakat je 3 oder 4 Schüler  ☐ möglichst viele alte Zeitschriften  ☐ mehrere Scheren  ☐ Klebstoff

## ◎ Stundenverlauf

### Einstieg

Schreiben Sie folgendes Zitat an die Tafel: „Das Wasser haftet nicht an den Bergen, die Rache nicht an einem großen Herzen." (Konfuzius, chinesischer Philosoph; 551– 479) Fordern Sie die Schüler dazu auf: *„Denkt still über die Bedeutung dieses Zitats nach. Steht bitte von eurem Platz auf, sobald ihr glaubt, das Zitat ganz verstanden zu haben."* Warten Sie ab, bis fast alle oder alle Schüler stehen. Bitten Sie dann einige Schüler, die Bedeutung des Zitats zu erklären (mit Begründung, warum Rache nicht an einem großen Herzen haftet), bevor sich alle Schüler wieder setzen dürfen. Schreiben Sie die wichtigsten Aspekte mit.

Erklären Sie nun, dass Sie sich in dieser Doppelstunde gemeinsam mit einer eher modernen Form der Rache (wobei Mobbing nicht immer aus Rache geschieht) beschäftigen werden: dem Cybermobbing.

### Erarbeitung/Sicherung

Teilen Sie das Arbeitsblatt „Statistik und Fallbeispiel zum Cybermobbing" (S. 68) aus. Diskutieren Sie Aufgabe 1 gemeinsam in der Klasse. Fordern Sie dann die Schüler dazu auf, die Aufgaben 2–4 in Stillarbeit innerhalb der nächsten Viertelstunde allein zu erarbeiten. Diskutieren Sie anschließend die Ergebnisse gemeinsam in der Klasse.

### Transfer/Reflexion

Kündigen Sie zu Beginn der zweiten Stunde eine Schweigephase an: *„Geht in den folgenden fünf Minuten still in euch und versetzt euch in die Lage eines Opfers von Cybermobbing (Perspektivwechsel). Haltet fest, wie sich die Opfer fühlen."* Stoppen Sie die fünf Minuten mit der Uhr. Notieren Sie im Anschluss die Ergebnisse in Stichpunkten (z. B. Wut, Scham, Enttäuschung, Hilflosigkeit, Angst etc.). Fragen Sie die Schüler nun: *„Was kann man tun, um Cybermobbing zu verhindern?"* Die Antworten werden vermutlich sowohl präventive Maßnahmen (z. B. nicht mit Fremden chatten, genau überlegen, welche Bilder ins Netz gestellt werden etc.) als auch Maßnahmen im Fall der eigenen Betroffenheit bzw. Betroffenheit von Freunden (z. B. Anzeige erstatten, Täter zur Rede stellen) umfassen. Schreiben Sie die Ideen an der Tafel mit, sodass sie den Schülern weiterhin zur Verfügung stehen.

Teilen Sie daraufhin das Arbeitsblatt „Maßnahmen zum Schutz vor Mobbing im Internet" (S. 69) aus, auf dem den Schülern weitere Maßnahmen gegen Cybermobbing vorgestellt werden. Lesen Sie die Maßnahmen gemeinsam und fordern Sie die Schüler anschließend dazu auf, 3er- oder 4er-Gruppen zu bilden und die Aufgabe zu erarbeiten.

Besprechen Sie die Ergebnisse und hängen Sie die entstandenen Plakate kurz vor Ende der Stunde gemeinsam im Schulhaus auf.

## ◎ Tipp

Das englische Youtube-Video der traurigen Geschichte von Amanda Todd kann mit älteren Schülern im Kontext der Diskussion über den Schutz vor Cybermobbing angesehen werden: http://webmagazin.de/social/Video-vor-Selbstmord%3A-Amanda-Todd-erz%C3%A4hlt-bei-YouTube-ihre-Geschichte

# Statistik und Fallbeispiel zum Cybermobbing

## *Statistische Forsa-Umfrage mit Jugendlichen zwischen 14 und 20 Jahren (2011)*

Berührungspunkte zu Cybermobbing
Nutzer sozialer Netzwerke ... (Angaben in %)

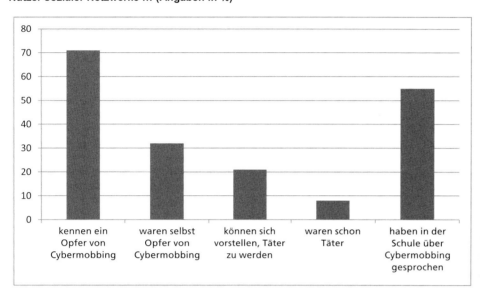

*(Quelle: <u>http://www.tk.de/centaurus/</u>*
*<u>servlet/contentblob/496150/</u>*
*<u>Datei/3425/Forsa-Umfrage%20</u>*
*<u>Cybermobbing%20Bund.pdf</u>)*

## *Fallbeispiel: Amanda Todd aus Kanada*

Amanda Todd beging nach jahrelangem Kampf gegen Cybermobbing im Alter von 15 Jahren Selbstmord. In der siebten Klasse hatte sie mit einem Fremden gechattet, der sie dazu überredete, ihm vor der Webcam ihre Brüste zu zeigen. Ein Jahr später meldete er sich über Facebook bei ihr und erpresste sie mit Screenshots der Nacktaufnahmen. Weil Amanda nicht darauf einging, verschickte er die Bilder an ihre Facebook-Freunde. Amanda wurde depressiv. Ihre Freunde mieden den Kontakt zu ihr und sie fühlte sich zunehmend isoliert. Nachdem ihr erster Selbstmordversuch scheiterte und sie noch immer keine Hilfe fand, nahm sie sich im Oktober 2012 schließlich das Leben. Kurz vor ihrem Tod nahm sie ein Video auf und stellte es auf Youtube.

Ihre letzten Sätze waren: „Ich stecke fest, keine Ahnung, was mit mir los ist bzw. was von mir übrig ist. Es hört nicht auf ... Ich habe niemanden, brauche jemanden."

*(Informationen nach: <u>http://webmagazin.de/social/</u>*
*<u>Video-vor-Selbstmord%3A-Amanda-Todd-erz%C3%</u>*
*<u>A4hlt-bei-YouTube-ihre-Geschichte</u>)*

1. **Betrachte die Statistik. Diskutiert in der Klasse, ob die Umfragedaten eurer Meinung nach auch auf euer Umfeld zutreffen.**

2. **Wissenschaftler stufen Cybermobbing als eines der größten Risiken der mit dem Internet aufwachsenden Generation ein. Suche nach Gründen dafür. Beziehe auch die statistischen Daten mit ein und werte die ethische Bedeutung von Cybermobbing.**

3. **Stelle eine Prognose für die Zukunft auf: Erkläre darin, wie sich deiner Meinung nach das Problem „Cybermobbing" für die Gesellschaft entwickeln wird. Begründe.**

4. **Lies das Fallbeispiel. Überlege, wie der Selbstmord hätte verhindert werden können und notiere Ideen dazu im Heft.**

# Maßnahmen zum Schutz vor Mobbing im Internet

## Prävention:

⊙ Überlege genau, welche Bilder du ins Netz stellst!

⊙ Sei Fremden gegenüber genauso vorsichtig wie im realen Leben!

⊙ Merke: Geheimnisse sind im Netz nicht sicher!

## Maßnahmen als Beobachter:

⊙ Stelle dich sofort offen gegen den/die Täter bzw. hole Hilfe!

⊙ Unterstütze keinesfalls die Täter!

⊙ Werde aktiv: Hilf den Opfern!

## Maßnahmen als Opfer:

⊙ Scham ist fehl am Platz. Der Täter sollte sich vielmehr schämen. Erzähle Menschen, denen du vertraust, von der Tat und hole dir Hilfe!

⊙ Stelle den Täter im Beisein von deinen Freunden offen zur Rede!

⊙ Erstatte gegebenenfalls Strafanzeige bei der Polizei!

**Rechtslage in Deutschland:** Bestimmte Formen von Cybermobbing sind strafbar, z. B. Beleidigung (Straftatbestände der §§ 185 ff. StGB), Verletzung des persönlichen Lebens- und Geheimbereichs (§§ 201 ff. StGB), Straftaten gegen die persönliche Freiheit (§§ 232 ff., insbesondere § 238 StGB Nachstellung), Verletzungen des Allgemeinen Persönlichkeitsrechts (Art. 1 Abs. 1 und Art. 2 Abs. 1 GG), des Rechts am eigenen Namen (§ 12 BGB), des Rechts am eigenen Bild (§ 22 ff. KUG) oder des wirtschaftlichen Rufs (§ 824 BGB). Sie können bei der Polizei angezeigt werden.

**Ansprechpartner für jugendliche Opfer:**
**Die Nummer gegen Kummer**
*Telefon:* 0800–111 0 333 (kostenlose Hotline, montags bis samstags 14–20 Uhr)
*Internet:* www.nummergegenkummer.de
*anonyme E-Mail-Beratung:*
info@nummergegenkummer.de

**Erstellt in Kleingruppen ein Plakat, das Jugendlichen die Folgen von Cybermobbing näherbringt und zeigt, wie sie sich und ihre Freunde davor schützen können. Fügt dazu auch einen Kasten hinzu, in den ihr schreibt, welches Verhalten eurer Meinung nach ethisch korrekt ist, wenn man Cybermobbing beobachtet.**
**Gestaltet das Plakat nicht nur textlich, sondern auch durch Ausschneiden und Aufkleben von passenden Bildern aus Zeitschriften.**

© Verlag an der Ruhr | Autorin: Regine Rompa | ISBN 978-3-8346-2525-0 | www.verlagruhr.de | 30 x 90 Minuten | **Philosophie/Ethik**

# Konflikten vorbeugen

Der Umgang mit Konflikten ist ein großes Thema im Ethikunterricht. Meist können typische Konfliktsituationen der Schüler rasch aufgezählt und einige stereotype Lösungsmöglichkeiten erarbeitet werden (z.B. einander aussprechen lassen und zuhören, Perspektivwechsel, einen Mediator dazuholen, Ich-Botschaften senden, Kompromisse schließen etc.). Seltener befasst sich der Ethikunterricht hingegen mit philosophischen Gedankenexperimenten, die Konflikten vorbeugen, indem sie eine gerechte Ordnung als Basis legen.

Konflikte gehören zum Leben. Deshalb kommt es in der Praxis selbstverständlich auch trotz einer gerechten Ordnung (z.B. gut funktionierende Klassenregeln) zu Konflikten. In dieser Doppelstunde soll daher kein Geheimtrick zum Abstellen aller Konflikte erarbeitet, sondern nur ein hypothetisches Gedankenexperiment bemüht werden, anhand dessen sich die Schüler mit der Natur von Konflikten beschäftigen. Wer versteht, wie es zu diesen kommt und sich für eine gerechte Ordnung einsetzt, leistet allerdings bereits einen Beitrag dazu, Konflikten vorzubeugen.

### John Rawls und der Schleier des Nichtwissens

John Rawls (1921–2002) bedient sich in seiner Gerechtigkeitstheorie einem Gedankenexperiment, um sicherzustellen, dass als Ergebnis einer fiktiven Gesellschaftsordnung eine wirklich gerechte Lösung gefunden wird. Dieses Experiment nennt er den „Schleier des Nichtwissens". Dabei wissen die Menschen, die sich in einer Art Urzustand eine gerechte Gesellschaftsordnung geben wollen, nicht, an welcher Stelle der entstehenden Gesellschaft sie selbst stehen werden, ob sie z.B. männlich oder weiblich, alt oder jung, reich oder arm etc. sind. Durch diese Gleichheit der Menschen unter dem „Schleier des Nichtwissens" sollen die Beteiligten eine faire und unparteiische Lösung finden. Sie werden laut Rawls so entscheiden, dass sie mit jedem Platz in der Gesellschaft selbst einverstanden sein könnten.

*John Rawls*

## ◎ Klassenstufe

ab Klasse 7/8

## ◎ Kompetenzerwartungen

1. Die Schüler können Merkmale guter und schlechter Konfliktbewältigung bewerten.

2. Die Schüler kennen den „Schleier des Nichtwissens" als Gedankenexperiment und können ihn auf exemplarische Situationen aus der eigenen Lebenswelt beziehen.

3. Die Schüler geben sich unter dem Versuch der Anwendung des Schleiers des Nichtwissens Klassenregeln.

4. Die Schüler beurteilen mögliche Vor- und Nachteile der Umsetzung des Schleiers des Nichtwissens in der Praxis.

## ◎ Material

☐ das Arbeitsblatt „John Rawls und der Schleier des Nichtwissens" (S. 72) im Klassensatz
☐ 1 großes Poster, dicke Filzstifte zum Beschreiben des Posters

## ◎ Stundenverlauf

### Einstieg

Teilen Sie das Arbeitsblatt „John Rawls und der Schleier des Nichtwissens" (S. 72) aus und stellen Sie folgende Aufgabe: *„Beschreibt die Abbildung auf dem Arbeitsblatt. Überlegt, was vorgefallen sein könnte."* Sammeln Sie mehrere Beispielsituationen (die Situationen werden alle auf Konflikte hinauslaufen).

Fragen Sie dann weiter: *„Überlegt, was die beiden Jugendlichen tun könnten, um ihren Konflikt zu lösen, und was ihn eher verschlimmern würde."* Erstellen Sie eine Tabelle an der Tafel zu den Maßnahmen guter und schlechter Konfliktbewältigung, in die die Schüler ihre Antworten eintragen dürfen. Abschließend sollen die Schüler die Tabelle ins Heft übernehmen.

### Erarbeitung/Sicherung

Fordern Sie einen Schüler dazu auf, den Text auf dem Arbeitsblatt vorzulesen. Prüfen Sie anschließend das Textverständnis, indem Sie Aufgabe 1 und 2 in Einzelarbeit erarbeiten lassen. Besprechen Sie die Lösungen im Plenum, bevor Sie den Schülern den nächsten Arbeitsauftrag geben: *„Bildet 3er-Gruppen und erarbeitet die Aufgabe 3."* Besprechen Sie am Ende der ersten Stunde die Ergebnisse.

### Transfer/Reflexion

Kündigen Sie zu Beginn der zweiten Stunde an, dass sich die Schüler nun unter dem Schleier des Nichtwissens selbst Klassenregeln geben sollen: *„In dieser Stunde dürft ihr euch als Klasse gemeinsam unter den Schleier des Nichtwissens begeben, um euch Klassenregeln zu geben. Wir überprüfen damit die Vor- und Nachteile bei der Umsetzung des theoretischen Gedankenexperiments in die Praxis bei einer größeren Gruppe. Weil ich nicht Teil der Klasse bin, wäre es undemokratisch, wenn ich über eure Regeln mitentscheiden dürfte. Daher bekommt ihr von mir nur dieses Poster, auf dem am Ende der Stunde eure Klassenregeln stehen sollen. Ihr moderiert den*

*Entwurf eurer Klassenregeln eigenständig. Einzige Bedingung: Die Regeln entstehen unter Anwendung des Gedankenexperiments ‚Schleier des Nichtwissens'."*
Ziehen Sie sich als Lehrer nun zurück und beobachten Sie das weitere Geschehen. Greifen Sie lediglich ein, wenn es aufgrund der Lautstärke oder unfairer Verhaltensweisen sein muss. Lassen Sie die Schüler am Ende der Stunde ihre Klassenregeln vorstellen und ggf. begründen. Hängen Sie diese abschließend im Klassenzimmer auf.

Diskutieren Sie zusammen mit den Schülern Aufgabe 4 und lassen Sie sie beurteilen, ob die Methode des „Schleiers des Nichtwissens" in konkreten Situationen sinnvoll angewendet werden kann und wo in diesem Fall die Grenzen liegen. Diese Aufgabe kann bei mangelnder Zeit auch als schriftliche Hausaufgabe gegeben werden. Anschließend können dann weitere ethische Modelle zum Umgang mit Konflikten erarbeitet werden („Goldene Regel", kategorischer Imperativ, zehn Gebote usw.).

# John Rawls und der Schleier des Nichtwissens

Der Philosoph John Rawls (1921–2002) hat in seiner Gerechtigkeitstheorie den sogenannten „Schleier des Nichtwissens" erfunden. Das ist ein Gedankenexperiment, das sicherstellen soll, dass eine Gruppe von Menschen sich gerechte Regeln auferlegt. Ihm ging es dabei darum, eine Methode aufzuzeigen, anhand derer Menschen theoretisch zu einer für alle Beteiligten fairen Gesellschaftsordnung gelangen können. Man kann das Experiment jedoch auch außerhalb einer Gesellschaft z. B. für das Erstellen von Klassenregeln anwenden.

Das Gedankenexperiment läuft folgendermaßen ab: Die Gruppe von Menschen, die sich gerechte Regeln geben möchte, wirft den „Schleier des Nichtwissens" über sich. Darunter ist jeder Mensch gleich. Es gibt keine Unterscheidungsmerkmale, wie Geschlecht, Hautfarbe, Herkunft, Alter, Behinderungen, Reichtum, Status etc. Die völlig gleichen Menschen sollen sich nun eine Gesellschaftsordnung erfinden. Allerdings wissen sie nicht, an welche Stelle in dieser Gesellschaft sie gestellt werden, ob sie also z. B. arm oder reich sein werden, Mann oder Frau sind etc. Weil sie dies nicht wissen, werden sie laut Rawls so entscheiden, dass sie mit jedem Platz in der Gesellschaft einverstanden sein können, also unparteilich und ohne einen bestimmten Platz bevorzugt zu behandeln. Das Ergebnis ist eine gerechte Gesellschaftsordnung.

1. **Lies den Test. Erkläre im Heft in eigenen Worten, wie das Gedankenexperiment „Schleier des Nichtwissens" funktionieren soll.**

2. **Der „Schleier des Nichtwissens" ist eine Methode der Gerechtigkeitstheorie. Doch er kann auch im Kleineren angewendet werden, um Konflikten vorzubeugen. Nenne ein Beispiel für einen möglichen Anwendungsfall aus deinem Alltag.**

3. **Bildet 3er-Gruppen. Spielt einen Anwendungsfall eurer Wahl nach. Löst den Konflikt anschließend unter Anwendung des Schleiers des Nichtwissens.**

4. **Beurteilt die Vor- und Nachteile des Schleiers des Nichtwissens.**

# Entwicklungshilfe

Hilfsbereitschaft ist eine Tugend. Doch sollen, müssen oder dürfen Menschen anderen helfen? Und müssen Einwohner der Industrieländer so viel geben, bis alles gleichmäßig verteilt ist oder dürfen sie mehr behalten, obwohl andere so wenig haben, dass sie verhungern? Ist Entwicklungshilfe Pflicht oder ist sie freiwillig? Und von welchen Faktoren hängt diese Entscheidung ab? Mit dieser Thematik der Angewandten Ethik befasst sich die folgende Doppelstunde unter Berücksichtigung der zeitgenössischen Philosophin Onora O´Neill (*1941).

## Philosophische Diskussion um die Verteilungsgerechtigkeit – zwei konträre Positionen

Die britische Philosophie-Professorin Onora O´Neill prägt mit ihrer berühmten fiktiven Rettungsbootmetapher „Lifeboat Earth" die philosophische Diskussion um die Gerechtigkeit der Verteilung der Güter auf der Erde (die Rettungsbootmetapher finden Sie auf der Folienvorlage „Lifeboat Earth", S. 75). Ihre Position lässt sich dabei so zusammenfassen: Die Erde ist (momentan noch) wie ein gut ausgestattetes Rettungsboot. Es ist genügend Nahrung für alle da. Wenn trotzdem jemand verhungert, machen sich damit die Überlebenden, die ihm Nahrung hätten geben können, schuldig. Tatsächlich wären wir dazu in der Lage, viel mehr Menschenleben z. B. durch Entwicklungshilfe zu retten. Laut Spiegel Online (2009) verhungert alle sechs Sekunden ein Kind. Doch kann man wirklich so weit gehen, zu sagen, dass die Bewohner der Industrieländer Schuld am Tod dieser Kinder haben, sie diese „ermordet" haben? Der Philosoph Jan Narveson (*1936) verneint dies im Gegensatz zu O´Neill. Seiner Meinung nach ist Hilfeleistung immer freiwillig. Seine Begründung: Man könne Menschen nur dazu verpflichten, Dinge zu tun, nicht aber dazu, Dinge zu unterlassen. Wenn Menschen sterben, weil wir unterlassen haben, ihnen Nahrung zu geben, sei das schrecklich, aber mache uns nicht schuldig. Man solle aber helfen, solange die Kosten der persönlichen Abwägung nach den Nutzen nicht überstiegen. Sowohl Narveson als auch O´Neill wurden für ihre Positionen sehr oft zitiert, aber auch viel kritisiert.

## ◎ Klassenstufe

ab Klasse 9/10

## ◎ Kompetenzerwartungen

1. Die Schüler verstehen die Problematik ungleicher Verteilung von Gütern auf der Erde.

2. Die Schüler verstehen den Zusammenhang von Kausalketten (Ursache ➡ Wirkung) und moralischer Verpflichtung bzw. Schuld.

3. Die Schüler denken darüber nach, ob und, wenn ja, unter welchen Voraussetzungen Entwicklungshilfe unsere Pflicht bzw. freiwillig ist.

4. Die Schüler reflektieren die eigenen Möglichkeiten, anderen zu helfen, und werden aktiv.

## ◎ Material

☐ Dominosteine   ☐ das Arbeitsblatt „Lifeboat Earth" (S. 75) im Klassensatz

## ◎ Stundenverlauf

### Einstieg

Bauen Sie vor der Stunde eine Reihe Dominosteine eng hintereinander auf, sodass alle Steine der Reihe nach fallen würden, wenn Sie den ersten Stein umwerfen. Warten Sie bei Stundenbeginn, bis sich die Schüler gesetzt haben. Fragen Sie die Schüler nach der Begrüßung, was passieren würde, wenn Sie den ersten Stein umwerfen. Die Schüler erklären Ihnen nun ganz selbstverständlich das Phänomen der Kausalkette. Erstellen Sie dazu erläuternd ein Tafelbild: *„Das was ihr hier erklärt, nennt man Kausalkette. Es gibt eine Ursache, auf die mehrere Wirkungen folgen."*

---

**Kausalkette**

Ursache ➡ Wirkung ➡ Wirkung

Wirkung ➡ Wirkung …

---

Fordern Sie die Schüler dazu auf, nach Gründen für die besondere Bedeutung von Kausalketten zu suchen: „*Kausalketten haben in der Moral z. B. im Zusammenhang mit Fragen nach Schuld und Pflicht eine hohe Bedeutung. Überlegt, in welchen Situationen die Verbindung von Ursache (z. B. Umstoßen dieses ersten Dominosteins) und Wirkungen (z. B. Fallen aller anderer Steine) für die Fragen nach Schuld und Pflicht wichtig ist.*" Stoßen Sie nun den ersten Dominostein um. Lassen Sie mehrere Schüler antworten und ergänzen Sie das Tafelbild, z. B.:

---

**Bedeutung für die Moral (Schuldfrage, Pflichtfrage):**

- ⊙ Wenn mein kleiner Bruder einen „Domino Run" aufbaut und ich den ersten Dominostein aus Versehen umstoße (Ursache), bin ich schuld daran, dass sein ganzer Run zerstört ist (Wirkungen) und bin deshalb verpflichtet, ihm beim Aufbauen zu helfen. Wenn ich es nicht war (keine Ursache), muss ich nicht verpflichtend helfen.

- ⊙ Wenn ein Mensch einen anderen dazu anstiftet (Ursache), einen Mord zu begehen, und dieser es tut (Wirkung), wodurch ein Mensch stirbt (Wirkung) und der Mörder ins Gefängnis muss (Wirkung), hat der Anstifter mit Schuld daran. Wenn es keinen Anstifter gab, ist der Mörder schuld (er hat die Wirkungen verursacht).

---

Erklären Sie jetzt, wo die Schüler in der Argumentation geübt sind (in weniger guten Klassen können Sie weiterhin ein wenig unterstützen), dass das Thema der Doppelstunde „Entwicklungshilfe" ist. Fragen Sie, inwiefern Kausalketten für die Pflicht, armen Menschen zu helfen, eine Rolle spielen. Eine gute Antwort wäre z. B.: „*Wenn wir schuld sind/die Ursache für die Armut sind, müssen wir auf jeden Fall helfen, es ist unsere Pflicht. Wenn wir nicht schuld sind, können wir trotzdem helfen, sind aber nicht verpflichtet.*"
Hinweis: Voraussichtlich wird die Antwort eines Schülers rudimentärer ausfallen, was aber nicht schlimm ist, da in der Stunde dieses Ergebnis noch vertieft erarbeitet wird.

## Erarbeitung/Sicherung

Teilen Sie das Arbeitsblatt „Lifeboat Earth", S. 75 aus und lassen Sie einen Schüler vorlesen. Bearbeiten Sie im Anschluss gemeinsam Aufgabe 1. Geben Sie am Ende der Diskussion vor Ende der Stunde noch ca. fünf Minuten Zeit, um die Ergebnisse aufzuschreiben.

## Transfer/Reflexion

Fordern Sie die Schüler zu Beginn der zweiten Stunde dazu auf, in Einzelarbeit Aufgabe 2 zu lösen. Geben Sie zur Bearbeitung ca. fünf Minuten Zeit und besprechen Sie dann das Ergebnis, bevor Sie Aufgabe 3 wieder im Plenum diskutieren. Achten Sie dabei darauf, zur Erklärung wieder den Bezug zum Einstieg (Kausalkette durch Domino Run) herzustellen: Die Einwohner der Industrieländer müssten als Ursache der „Anstoßer" des ersten Dominosteins sein. Dadurch müssten Wirkungen in Kraft treten, die sich bis in die Entwicklungsländer (ein Dominostein in der Wirkungsreihe) auswirken. Geben Sie den Schülern vor Ende der Stunde noch ca. zehn Minuten Zeit, um die Ergebnisse der Diskussion ins Heft zu notieren.

## Hausaufgabe

Als Hausaufgabe eignet sich Aufgabe 4, in der die Schüler das abstrakte Ethikthema „Entwicklungshilfe" auf ihre eigene konkrete Lebenswirklichkeit beziehen.

## ◎ Tipp

Wenn Ihnen für dieses Thema weitere Stunden zur Verfügung stehen, empfiehlt es sich, die Ergebnisse aus Aufgabe 4 in Kleingruppen umzusetzen.

# Lifeboat Earth

Weit draußen im Meer geschieht ein Schiffsunglück. Sechs Passagiere können sich in ein Rettungsboot flüchten und treiben nun auf dem Meer. Die Sonne brennt auf das Boot.

Die Passagiere wissen nicht, ob und wann sie gefunden werden. Je nachdem, wie lange es mit der Rettung dauern wird, könnte das Trinkwasser knapp werden: Voraussichtlich wird das Trinkwasser zwei Tage lang ausreichen, um vier der sechs Passagiere überleben zu lassen. Sie alle wissen, dass es unwahrscheinlich ist, dass sie alle sechs überleben werden. Hinzu kommt, dass ein Passagier krank ist und mehr Wasser benötigt, um zu überleben. Wie sollte das Wasser eingeteilt werden, damit es am fairsten ist?

*(Szenario nach Onora O´Neill; [\*1941])*

**Meinungen zur Lösung:**

a) Fair ist nur, wenn jeder so viel Wasser bekommt, wie er braucht. Sie sollten das Wasser also keinem vorenthalten. Auch wenn das bedeutet, dass sie alle sechs sterben.

b) Wenn es bei gleicher Verteilung für alle wahrscheinlich ist, dass keiner überlebt, wäre es fairer, wenn man das Wasser ungleich verteilt und damit einige der Passagiere rettet. Nur: Kann man fair entscheiden, wer Wasser bekommt und wer nicht?

c) Es ist Mord, einem der Passagiere kein Wasser zu geben.

d) Es wäre auf jeden Fall Mord, wenn es genug Wasser für alle gäbe und die Passagiere trotzdem einigen kein Wasser gäben. Ist es so auch Mord?

1. **Diskutiert in der Klasse, wie die Schiffbrüchigen die Situation am fairsten lösen könnten: Markiert die vier Ecken des Klassenraums mit den Buchstaben a – d, sie stehen nun stellvertretend für die obigen Aussagen. Stellt euch auf das Signal eures Lehrers in die Ecke, deren Aussage ihr am ehesten zustimmen würdet. Diskutiert in der Klasse, warum ihr diese Position gewählt habt und warum die Lösung am fairsten ist. Ihr könnt im Laufe der Diskussion auch eure Meinung, d. h., die Ecke wechseln. Notiert nach der Diskussion die wichtigsten Argumente für die einzelnen Positionen im Heft und begründet noch einmal eure Wahl.**

2. **Das Rettungsboot steht für die Erde. Es gibt genug Nahrung für alle, dennoch verhungern Menschen. Begründe, ob wir rechtfertigen können, nicht allen Menschen Wasser bzw. Nahrung zu geben (Ursache), sodass diese verhungern (Wirkung). Schreibe ins Heft.**

3. **Überlegt in der Klasse, ob es beim Thema Welthunger tatsächlich Aspekte gibt, die auf eine Kausalkette hindeuten. Überlegt auch, welche moralischen Auswirkungen das auf die Schuld der Industrieländer hat. Notiert abschließend ins Heft.**

4. **Recherchiert im Internet, was ihr selbst tun könnt, um armen Menschen in Entwicklungsländern zu helfen.**

# Gerechter Krieg?

In jeder Epoche der Menschheit hat es Kriege zwischen Gruppen von Menschen gegeben. Das Führen von Kriegen wird von den verschiedenen Beteiligten auf unterschiedliche Weise gerechtfertigt („Befreiungskriege", „Krieg gegen den Terror" usw.). Doch ist es überhaupt möglich, einen „gerechten Krieg" zu führen oder widersprechen sich die Begriffe „Krieg" und „gerecht" grundsätzlich? Damit befassen sich die Schüler in dieser Doppelstunde.

### Lehre vom „Gerechten Krieg"

Die Lehre vom „Gerechten Krieg" ist eine von mehreren Theorien über die ethischen Prinzipien von Krieg und geht bereits auf die alten Griechen zurück. Aus der Lehre entspringen verschiedene Kriterien, die oft benutzt werden, um Kriege moralisch zu rechtfertigen. Unterschieden werden Kriterien, die sich auf das Recht *zum* Krieg beziehen, und solche, die sich auf das Recht *im* Krieg beziehen.

**Mögliche Kriterien, mit denen das Recht zum Krieg gerechtfertigt wird:**

⊙ Der Krieg muss von einer legitimen Autorität geführt werden. In Deutschland wäre das z. B. die demokratisch gewählte Regierung.

⊙ Verteidigung eines Landes vor Angriffen ist ein gerechter Grund.

⊙ Mit dem Krieg den Frieden wiederherzustellen, ist eine gerechte Absicht.

⊙ Das Land sieht keinen anderen Ausweg, weil alle bisherigen Verhandlungsversuche bereits gescheitert sind.

⊙ In jedem Fall muss es eine große Hoffnung darauf geben, den Krieg zu gewinnen, sodass das Leben der Soldaten nicht hoffnungslos riskiert wird.

**Kriterien für das Recht im Krieg:**

⊙ Der Einsatz von Militär sollte verhältnismäßig sein. Es sollte z. B. nicht mehr Gewalt angewandt werden als nötig ist, um den Krieg zu gewinnen.

⊙ Im Krieg muss ein Unterschied zwischen Soldaten und Zivilisten gemacht werden.

## ◎ Klassenstufe

ab Klasse 10/11

## ◎ Kompetenzerwartungen

1. Die Schüler kennen Kriterien, anhand derer Kriege in der Geschichte als „gerecht" gerechtfertigt worden sind.

2. Die Schüler reflektieren, ob und, wenn ja, inwiefern Kriege gerechtfertigt werden können.

## ◎ Material

☐ das Arbeitsblatt „Kriegsgründe – legitim oder nicht?" (S. 78) im Klassensatz

## ◎ Stundenverlauf

### Einstieg

Befragen Sie die Schüler, von welchen Kriegen sie wissen und welche Details sie darüber kennen: *„Von welchen Kriegen habt ihr schon gehört? Erklärt, was ihr darüber wisst."* Notieren Sie richtige Antworten an der Tafel, z. B. in Form einer Tabelle (s. u.) mit vier Spalten.

| Kriege | | | |
|---|---|---|---|
| Land | Datum | Kriegsparteien | Grund |
| | | | |
| | | | |

In Klassen, in denen Sie wenig Resonanz erwarten, könnten Sie als alternativen Einstieg auch eine Internetrecherche zu diesem Thema durchführen, wenn Ihnen der Computerraum, Notebooks o. Ä. zur Verfügung stehen.

Als Denkanstoß kann auch ein Foto wie das Folgende dienen: (http://upload.wikimedia.org/wikipedia/commons/c/c6/War_and_Peace.jpg?uselang=de)

Als weitere, einfachere Alternative kann eine Mindmap zum Thema „Krieg" als Einstieg dienen.

## Erarbeitung/Sicherung

Teilen Sie das Arbeitsblatt „Kriegsgründe – legitim oder nicht? (S. 78)" aus. Fordern Sie die Schüler zunächst dazu auf, Aufgabe 1 in Stillarbeit zu erarbeiten. Geben Sie dafür etwa fünf Minuten Zeit, bevor Sie zu Aufgabe 2, 3 und 4 übergehen. Bis zehn Minuten vor Ende der Stunde sollen die Schüler diese in Partnerarbeit erarbeiten. Besprechen Sie am Ende der Stunde die Ergebnisse.

## Transfer/Reflexion

Diskutieren Sie Aufgabe 5 gemeinsam in der Klasse. Weisen Sie kurz vor Ende der Stunde noch auf Wahlaufgabe 6 hin, die zur nächsten Stunde freiwillig vertiefend erarbeitet werden kann. Dies ist, wenn mehrere Schüler dazu bereit sind, auch in Gruppenarbeit möglich.

## ◎ Tipp

Wenn Ihnen mehr Zeit zur Verfügung steht, empfiehlt es sich, mit den Schülern einen Antikriegsfilm anzusehen, z. B. „Apokalypse Now" (Regie: Francis Ford Coppola; 153 min.; ab 16 Jahre!).

# Kriegsgründe – legitim oder nicht?

| Kriegsgrund | legitim | nicht legitim |
|---|---|---|
| Land A wird von Land B angegriffen und muss sich verteidigen. | | |
| Land C hat ein Bündnis mit Land A geschlossen und erklärt sich nun bereit, dieses gegen den Angreifer Land B zu verteidigen. | | |
| Land D hat Informationen, dass in Land E ein Diktator eine Minderheit im Land systematisch unterdrückt. Bei Aufständen der Minderheit gab es bereits Tote. Land D will Land E befreien. | | |
| Land E verfügt über riesige Mengen wertvoller Rohstoffe. Land D hat hingegen kaum eigene Rohstoffvorkommen. In den letzten Jahren sind die Preise für diese Rohstoffe enorm gestiegen. Für Land D ist es wichtig, sich durch Eroberung von Land E einen Zugang zu den Rohstoffen zu sichern. Vorherige Verhandlungsversuche sind gescheitert. | | |
| Land F und Land G führen seit Jahren erbitterten Krieg gegeneinander. Die Länder H, I und J mischen sich nun ein, um durch einen gezielten Krieg, der Zivilisten schonen und vor allem gegen wirtschaftliche und militärische Ziele gerichtet sein soll, gewaltsam Frieden in F und G herzustellen. | | |

1. Kreuze an, ob und ggf. welche der Kriegsgründe deiner Meinung nach rechtfertigen können, einen Krieg zu führen.

2. Vergleicht eure Einschätzungen. Haltet Gemeinsamkeiten fest und diskutiert über Unterschiede. Vergleicht eure Einschätzung mit der Augustinus' (354 – 430), der als erster christlicher Philosoph den Krieg unter folgenden Bedingungen legitimiert:
   a) Er darf nur Unrecht ahnden (wenn sich z. B. ein Land weigert, Übergriffe auf ein anderes zu bestrafen oder zurückzugeben, was durch Unrecht weggenommen wurde).
   b) Er darf Verstöße gegen die göttliche Ordnung in einem anderen Staat bestrafen (Krieg zur Verbreitung der Gerechtigkeit im Sinne des Christentums, Stellvertretung göttlicher Strafe).
   c) Der Krieg muss in gerechter Gesinnung, nicht aus Rache oder Lust zur Grausamkeit geführt werden.

3. Legt Kriterien fest, wann Kriegsführung heutzutage eurer Meinung nach legitim ist und wann nicht. Finden sich dabei die Kriterien Augustinus' wieder?

4. Wendet eure Kriterien auf die Kriege in der Tabelle an. Welche sind davon legitim?

5. Überlegt, ob es auch im Krieg Regeln geben sollte. Diskutiert ggf. in der Klasse gemeinsam, welche Regeln hierbei wichtig wären.

6. Wahlaufgabe: Tatsächlich bestehende Regeln zum und im Krieg sind im Kriegsvölkerrecht festgehalten. Recherchiere im Internet und bereite ein Referat vor, in dem du Beispiele solcher Regeln des Kriegsvölkerrechts vorstellst.

# Utilitarismus

Im Alltag fällen die Schüler ihre Entscheidungen meist, ohne dass sie sich der moralischen Wertvorstellungen oder Ansätze die diesen zugrunde liegen, bewusst werden. Der Utilitarismus ist einer dieser Ansätze, den die Schüler in dieser Doppelstunde kennenlernen.

## Utilitarismus

Der Utilitarismus ist eine Form der teleologischen Ethik, die auf dem Nützlichkeitsprinzip beruht. Das heißt, dass sie bei der moralischen Bewertung einer Entscheidung oder Handlung danach fragt, ob deren Folge für die größtmögliche Anzahl der Beteiligten am besten ist. Auf eine kurze Maxime gebracht: „Handle so, dass die größtmögliche Menge an Glück entsteht!" (maximum happiness principle).

Ein Beispiel: Wenn es bei einem Schiffbruch nur entweder möglich ist, fünf Menschen vielleicht oder einen Menschen sicher zu retten, so würde der klassische Utilitarist sich für die Rettung der fünf Menschen entscheiden. Schwierigkeiten ergeben sich ggf., wenn es sich z.B. bei den fünf Personen um Fremde handelt, während die eine Person die beste Freundin ist. Für einen Utilitaristen sollten solche Abwägungen keinen Einfluss auf die seiner Meinung nach moralisch richtige Entscheidung der Rettung der größtmöglichen Anzahl an Beteiligten haben (Gleichberechtigung). Entwickelt wurde der utilitaristische Ansatz u.a. vom englischen Philosophen Jeremy Bentham (1748–1832).

## Spock (Star Trek) – eine utilitaristische Figur

Spock, die fiktive Figur aus Star Trek, ist für ihre utilitaristischen Äußerungen bekannt. Immer wieder taucht das folgende Zitat auf: „Das Wohl der Vielen wiegt mehr als das Wohl der Wenigen oder des einen." („The needs of the many outweigh the needs of the few or the one.") Nachzulesen/zu sehen z.B. unter:
☐ www.imdb.com/title/tt0084726/quotes
☐ www.youtube.com watch?v=Xa6c3OTr6yA und
☐ www.youtube.com/watch?v=MhRmlV0aaDg.

## ◎ Klassenstufe

ab Klasse 10/11

## ◎ Kompetenzerwartungen

1. Die Schüler kennen und verstehen den Ansatz des Utilitarismus.

2. Die Schüler können Fallbeispiele utilitaristisch bewerten.

3. Die Schüler reflektieren mögliche Vorteile und Grenzen des Utilitarismus.

## ◎ Material

☐ Laptop mit Beameranschluss  ☐Beamer zum Ansehen einer Filmszene, Star Trek II „Der Zorn des Khan" als DVD oder einen Internetanschluss (Szene kann dann über Youtube angesehen werden) ☐ Paketklebeband o. Ä. zur Markierung des Bodens im Klassenzimmer  ☐Kreide  ☐die Arbeitsblätter „Das Wohl der Vielen" (S. 81) und „Fragestellungen zum Utilitarismus" (S. 82) im Klassensatz

## ◎ Stundenverlauf

### Einstieg

Als Einstieg empfiehlt sich eine Meinungslinie: Teilen Sie das Klassenzimmer vor Beginn der Stunde mit dem Paketklebeband o. Ä. in der Mitte in zwei ca. gleich große Hälften. Teilen Sie auch die Tafel mit der Kreide mittig in zwei Hälften und schreiben Sie auf eine Seite „Ja" auf die andere Seite „Nein". Fahren Sie den Laptop hoch und stellen Sie den Beamer ein. Spulen Sie bei der DVD zur Sterbeszene von Spock bzw. rufen Sie z.B. folgenden Link auf, der die Szene zeigt: www.youtube.com/watch?v=lSbirmUc488.

Warten Sie zu Beginn der Stunde, bis sich die Schüler gesetzt haben. Stellen Sie sich dann in die Mitte des Raumes auf die Meinungslinie und stellen Sie – nach der Begrüßung – die Frage: *„Sind die Bedürfnisse vieler wichtiger als die Bedürfnisse weniger oder eines Einzelnen?"* Erklären Sie den Hintergrund, z.B. mit folgenden Worten: *„Weil gleich eine große Explosion stattfinden wird, muss das Raumschiff Enterprise mit der Besatzung schnell in sichere Entfernung gebracht werden. Ansonsten würden alle Lebewesen auf der Enterprise an der Explosion sterben. Doch genau jetzt funktioniert der Hauptantrieb nicht mehr. Der Maschinenraum, in dem man ihn reparieren könnte, ist strahlenverseucht. Wenn ihn jemand betreten würde, um den Hauptantrieb zu reparieren und die Besatzung zu retten, würde er sicher an der Verstrahlung sterben …"*

Spielen Sie jetzt die Szene am Laptop ab. Wiederholen Sie dann noch einmal die Meinungsfrage. Fordern Sie anschließend die Schüler zur geografischen Stellungnahme auf: *„Bewegt euch frei im Klassenzimmer und überlegt, ob ihr der Meinungsfrage zustimmt. Nehmt entsprechend eurer Meinung Stellung im Raum: Auf der Linie = keine Ahnung; auf der ‚Ja'-Seite = ‚Die Bedürfnisse vieler sind immer wichtiger als die Bedürfnisse weniger'; auf der ‚Nein'-Seite = ‚Menschliche Bedürfnisse können nicht gegeneinander aufgewogen werden. Niemand darf geopfert werden, auch wenn das viele Leben retten würde.' Je weiter entfernt von der jeweils anderen Seite ihr steht, desto sicherer seid ihr euch bei eurer Entscheidung. Ihr habt ab jetzt fünf Minuten Zeit, Position zu beziehen."*
Fordern Sie die Schüler nach fünf Minuten dazu auf, ihre gewählte Position einzunehmen. Lassen Sie nun einige Schüler ihre Standpunkte begründen. Diskutieren Sie die Entscheidung.

## Erarbeitung/Sicherung

Kündigen Sie den Schülern an, dass sie nun einen Ansatz kennenlernen, wie man solche Entscheidungen treffen kann. Teilen Sie das Arbeitsblatt „Das Wohl der Vielen" (S. 81) aus und fordern Sie die Schüler dazu auf, die Aufgaben 1–4 in Stillarbeit zu lösen. Geben Sie dafür den Rest der ersten Stunde Zeit.

## Transfer/Reflexion

Besprechen Sie zunächst die Ergebnisse. Erklären Sie den Schülern, dass der Utilitarismus bis heute mit Vor- und Nachteilen sehr kontrovers diskutiert wird. Teilen Sie nun das Arbeitsblatt „Fragestellungen zum Utilitarismus" (S. 82) aus und geben Sie folgende Anweisung: „Bildet 2er-Gruppen und bearbeitet Aufgabe 1." Diskutieren Sie die Ergebnisse anschließend ausführlich in der Klasse (Aufgabe 2), bevor Sie Aufgabe 3 und 4 (Gedankenspiel) gemeinsam im Plenum zur Sicherung der Reflexion lösen.

## ◎ Tipp

Zur Vertiefung und zum Kennenlernen eines modernen utilitaristischen Standpunkts (Präferenzutilitarismus) eignet sich in der Folge das Thema „Tiere essen?" (S. 83) .

# Das Wohl der Vielen

> *Das Wohl der Vielen wiegt mehr als das Wohl der Wenigen oder des einen.*
> *(The needs of the many outweigh the needs of the few or the one.)*
> Botschafter Spock (*2232)

> *Das größte Glück der größten Anzahl ist der Maßstab von richtig und falsch.*
> *(It is the greatest happiness of the greatest number that is the measure of right and wrong)*
> Jeremy Bentham (1748–1832)

**Fallbeispiel 1:** Ein Zug kommt mit hoher Geschwindigkeit angefahren. Plötzlich siehst du, dass auf dem Gleis vor dem Zug drei Kinder spielen. Du kannst den Zug noch auf ein anderes Gleis umleiten, doch du weißt, dass dort gerade ein älterer Bauarbeiter auf dem Gleis tätig ist. Die Zeit reicht nicht mehr, um den Zugführer zu informieren. Du kannst nur entscheiden, auf welchem Gleis der Zug seine schnelle Fahrt fortführt. Was tust du?

**Fallbeispiel 2:** Dieselbe Ausgangssituation wie in Fallbeispiel 1; doch der Bauarbeiter auf dem Ausweichgleis ist dein Vater. Die Kinder kennst du nicht. Was tust du?

## Info: Utilitarismus

Der Utilitarismus ist eine ethische Position. Seine Maxime (= oberste Lebensregel) lautet: „Handle so, dass die größtmögliche Menge an Glück für die größtmögliche Zahl an Beteiligten entsteht!" Bei ethischen Entscheidungen soll demnach abgewogen werden, wie viel Glück bzw. Leid die Folgen der Handlung für alle an diesen Beteiligten mit sich bringen. Die Entscheidung ist dann richtig, wenn möglichst viel Glück und möglichst wenig Leid als Folge der Handlung entstehen. Der Utilitarismus wurde u. a. vom Philosophen Jeremy Bentham (1748–1832) entwickelt. Spock ist eine fiktive Figur aus der „Star Trek"-Reihe, die für ihre utilitaristischen Äußerungen bekannt ist.

1. **Vergleiche die beiden Zitate in den Sprechblasen. Notiere, was ihnen gemeinsam ist.**

2. **Lies Fallbeispiel 1. Notiere a) wie Spock/Bentham entschieden hätte und b) wie du selbst entscheiden würdest. Begründe.**

3. **Lies Fallbeispiel 2. Notiere a) wie Spock/Bentham entschieden hätte und b) wie du selbst entscheiden würdest. Begründe.**

4. **Lies den Infokasten. Nenne ein Beispiel aus deinem Leben, in dem du utilitaristisch hättest entscheiden können. Gib an, wie du entschieden hast, und begründe.**

# Fragestellungen zum Utilitarismus

| |
|---|
| Woher weiß man in einer konkreten Situation, was die größtmögliche Menge an Glück für andere ist? |
| Um den Utilitarismus anzuwenden, muss man Glück messen. Doch wie soll das konkret funktionieren? |
| Was macht glücklich? |
| Sind im Utilitarismus alle gleichberechtigt? |
| Darf eine große Mehrheit über den Tod eines Einzelnen entscheiden, nur weil dieser ihrem Glück im Weg steht? |
| Wann stößt der Utilitarismus an seine Grenzen? |
| Rechtfertigt eine Folge, die möglichst viel Glück für alle mit sich bringt, jeden Weg? Wäre es z. B. erlaubt, einen sehr kranken Menschen zu töten (Sterbehilfe), um viele Gesunde glücklich zu machen und das Leiden des Kranken zu beenden? |
| Gehört Leid nicht auch zum Leben? |
| Ist Glück wirklich das höchste Ziel? |
| Würdest du gern in einer rein utilitaristischen Gesellschaft leben? |

1. **Bildet 2er-Gruppen. Diskutiert die einzelnen Fragestellungen.
   Haltet eure Antworten jeweils schriftlich fest und begründet sie.**

2. **Vergleicht eure Antworten in der Klasse. Diskutiert eure Ergebnisse.**

3. **Erstellt auf Grundlage der Diskussion eine Tabelle mit möglichen
   Vor- und Nachteilen des Utilitarismus.**

4. **Entwerft mithilfe der Tabelle den perfekten utilitaristischen Staat.**

# Tiere essen?

In den letzten Jahren ist in der angewandten Ethik wohl kaum ein Thema so intensiv diskutiert worden wie die Tierethik. Mit Veröffentlichungen wie „Tiere essen" (Jonathan Safran Foer, *1977) und „Anständig essen" (Karen Duve, *1961) wurde das Ethikthema plötzlich sogar im populären Sachbuch beliebt – und daraufhin überall besprochen, z. B. regelmäßig in Lifestyle-Magazinen und Frauenzeitschriften. Die Bürger philosophieren seitdem wieder über ein Thema, das alle angeht, da sich jeder ernähren muss und damit eine Verantwortung einhergeht. In der hier vorgestellten Doppelstunde sollen nun die Schüler zu eigenen, vorurteilsfreien ethischen Reflexionen zu diesem Thema motiviert werden.

## Speziesismus und Präferenzutilitarismus

„Speziesismus (…) ist ein Vorurteil oder eine Haltung der Voreingenommenheit zugunsten der Interessen der Mitglieder der eigenen Spezies und gegen die Interessen der Mitglieder anderer Spezies." So schreibt der Philosoph Peter Singer (*1946) in seinem Buch „Animal Liberation. Die Befreiung der Tiere" und hat damit den Begriff wesentlich geprägt. Er hält es für reinen Speziesismus, dass wir Tieren in der Praxis noch immer kein Recht auf ihr Leben einräumen – und somit für ethisch nicht zu rechtfertigen. Sein Ansatz ist der sogenannte „Präferenzutilitarismus": Eine Handlung ist demnach dann ethisch vertretbar, wenn sie die Interessen aller Beteiligten abwägt und anschließend so getroffen wird, dass das größtmögliche Glück und das wenigste Leid entstehen.

Ein Beispiel: Ein Mann will ein Stück Schweinefleisch essen. Präferenzutilitaristisch muss er abwägen, ob sein Interesse daran, dieses Fleisch zu essen, größer sein kann als das Interesse des Schweins, am Leben zu sein. In Deutschland, Österreich oder der Schweiz ist das Interesse des Mannes in der Regel kurzfristiger, rein geschmacklicher Natur. Er könnte ohne gesundheitliche Nachteile entscheiden, statt des Fleischs z. B. vegetarisch zu essen. Das Interesse des Schweins an seinem Leben ist hingegen langfristiger (lebenslanger) und existenzieller Natur. Vor diesem Hintergrund ist der Verzehr von Fleisch präferenzutilitaristisch kaum zu rechtfertigen. Anders wäre es hingegen, wenn der Verzehr des Schweins auch beim Mann über Leben und Tod entscheiden würde. Dann könnte argumentiert werden, dass das Interesse des Mannes an seinem Leben (das er dann nur durch den Verzehr des Schweins retten kann) schwerer wiegt als das des Schweins an dessen Leben – z. B. weil der Mann das Leben komplexer wahrnehmen kann als das Schwein, also mehr Interessen hat. In diesem Fall wäre es ethisch vertretbar, wenn der Mann das Schwein töten und essen würde. In Folge des Präferenzutilitarismus ist Peter Singer selbst ein strikter Veganer, der tierische Produkte komplett ablehnt.

## ◎ Klassenstufe

ab Klasse 10/11

## ◎ Kompetenzerwartungen

1. Die Schüler hinterfragen gängige traditionelle und kulturelle Aussagen.

2. Die Schüler kennen den Präferenzutilitarismus und Peter Singers Vorwurf des „Speziesismus".

3. Die Schüler können ihre eigene Meinung evaluieren und kontrovers äußern.

4. Die Schüler sind in der Lage, eine Diskussion zu führen, bei der verschiedene Argumente logisch schlüssig angebracht und in geordneter Weise vorgestellt werden.

*Peter Singer*

## ◎ Material

☐ die Arbeitsblätter „Präferenzutilitarismus"
(S. 85) und „Fleischesser – Vegetarier – Veganer"
(S. 86) im Klassensatz   ☐Computerraum bzw.
Internetzugang (zumindest für die erste Stunde;
alternativ kann auf den Internetzugang verzichtet
werden, wenn Aufgabe 1 zur Prüfung von Vor-
wissen eingesetzt und anschließend anhand des
Lösungsblattes abgeglichen wird)

## ◎ Stundenverlauf

### Einstieg

Starten Sie mit einer Blitzlichtumfrage an die
Schüler: „*Im letzten Bundestagswahlkampf haben
sich die Grünen dafür stark gemacht, einen
sogenannten Veggie-Day einzuführen, einen
fleischfreien Tag pro Woche in allen Kantinen, an
dem sich auch Restaurants, Mensen, Privatleute
usw. beteiligen könnten. Wie findet ihr die Idee?
Antwortet spontan und begründet eure Meinung
mit einem Satz.*"

## ◎ Erarbeitung/Sicherung:

Teilen Sie das Arbeitsblatt „Präferenzutilitarismus" (S. 85) aus. Fordern Sie die Schüler dazu auf,
in Einzel- oder Partnerarbeit Aufgabe 1 zu lösen.
Geben Sie dafür ca. zehn Minuten Zeit. Wenn Sie
die Aufgabe ohne Internetrecherche zur Prüfung
von Vorwissen einsetzen, genügen fünf Minuten.
Lösen Sie das Ergebnis gemeinsam im Plenum auf.
Die Aufgabe soll die Schüler dazu motivieren, ggf.
Halbwahrheiten zu hinterfragen und Fakten neu
zu prüfen. Fordern Sie die Schüler im Anschluss
dazu auf, Aufgabe 2 in Einzelarbeit zu lösen.
Besprechen Sie das Ergebnis nach ca. zehn Minuten erneut im Plenum.

## ◎ Transfer/Reflexion

Den Rest der Stunde (ca. zehn Minuten) bearbeiten die Schüler Aufgabe 3 in Einzelarbeit.

## ◎ Erarbeitung/Sicherung

Geben Sie zu Beginn der zweiten Stunde noch
einmal fünf Minuten Zeit für die Erörterung in
Stichworten. Lassen Sie anschließend 2 – 3 Schüler
freiwillig ihre Ergebnisse vortragen und besprechen Sie diese.
Teilen Sie anschließend das Arbeitsblatt „Fleischesser – Vegetarier – Veganer" (S. 86) aus. Jeweils
ein Schüler darf eine Karte vorlesen. Bearbeiten
Sie Aufgabe 1 gemeinsam im Plenum.

## ◎ Transfer/Reflexion

Fordern Sie die Schüler dazu auf: „*Bildet 3er-
Gruppen und bearbeitet die Aufgaben 2 und 3.*"
Geben Sie zehn Minuten vor Ende der Stunde
Bescheid, dass die Diskussionen (Aufgabe 3) nun
beginnen sollten. Als Hausaufgabe eignet sich
Aufgabe 4. Weisen Sie ebenfalls auf die freiwillige
Wahlaufgabe (Aufgabe 5) hin. Diese kann natür-
lich auch in Gruppenarbeit gelöst werden.

### Tipp

Nehmen Sie in der vorangehenden Doppelstunde
den Utilitarismus (s. S. 79) durch. So verfügen die
Schüler bereits über ein grundlegendes Vorwissen. Wenn mehr Zeit vorhanden ist, empfiehlt es
sich auch, das Thema zum Abschluss einfach offen
zu diskutieren. Meist sind die Schüler bei diesem
Thema leicht zu begeistern.

# Präferenzutilitarismus

|  | stimmt | stimmt nicht |
|---|---|---|
| **1.** Der Mensch ist ein Fleischfresser. |  |  |
| **2.** Fleisch enthält viel Eiweiß. |  |  |
| **3.** Wer kein Fleisch isst, wird krank. |  |  |
| **4.** Vegetarier leben länger. |  |  |
| **5.** Tiere töten in der Natur auch andere Tiere. |  |  |
| **6.** Bei uns werden alle Schweine und Rinder aus Massentierhaltung betäubt, bevor sie geschlachtet werden. |  |  |

---

### *Präferenzutilitarismus*

Jeder Mensch ist anders. Dennoch gelten bestimmte Rechte für alle von uns – unabhängig vom Geschlecht, der Hautfarbe oder der Intelligenz. Wenn diese Rechte nicht eingehalten werden, sprechen wir von Sexismus, Rassismus bzw. Diskriminierung. Wer allerdings einer anderen Spezies angehört, hat diese Rechte meist nicht, z. B. das Recht auf Leben. Ist das gerecht oder ebenso willkürlich, wie z. B. dass Frauen früher weniger Rechte hatten als Männer? Der australische Philosoph Peter Singer nennt dieses Phänomen Speziesismus (= Benachteiligung aufgrund der Zugehörigkeit zu einer bestimmten Spezies). Er fordert, dass Speziesismus ebenso wie Rassismus und Sexismus geächtet werden sollte: Viele Tiere haben ein ebenso großes Interesse daran, zu leben, wie Menschen – und daher ebenfalls ein Recht darauf.

Heutzutage müssen wir in den westlichen Industrieländern kein Schwein essen, um unser Überleben zu sichern. Wir haben genügend andere Nahrung. Der Verzehr von Fleisch ist reiner Genuss. **Das Recht des Schweins auf sein Leben wiegt laut Singer ethisch schwerer als der kurzfristige Genuss seines Körpers auf der Zunge eines Menschen.** Daher haben wir kein Recht, das Schwein zu töten und zu essen. Diese Art von Argument nennt Singer „Präferenzutilitarismus". Präferenzutilitarismus bedeutet, dass die Interessen (z. B. Interesse auf Leben, keine Schmerzen leiden, Freiheit etc.), die die beteiligten Lebewesen an den Folgen einer ethisch relevanten Handlung haben, gegeneinander abgewogen werden. Sein Ergebnis: Das Interesse auf das eigene Leben ist größer als das auf einen kurzfristigen Genuss.

---

1. **Überprüfe von anderen übernommene Meinungen. Recherchiere dafür im Internet, welche der Argumente in der Tabelle tatsächlich wahr und welche falsch sind.**

2. **Lies den Infokasten. Erkläre die Begriffe „Speziesismus" und „Präferenzutilitarismus" in eigenen Worten im Heft.**

3. **Erörtere in Stichworten (pro und kontra) deine Meinung zum Präferenzutilitarismus. Nutze dazu das Beispiel „Fleisch essen" und die Informationen, die du recherchiert hast.**

# Fleischesser – Vegetarier – Veganer

### Du spielst den überzeugten Fleischesser.

Fleisch schmeckt dir und das willst du dir nicht verderben lassen. Schließlich haben die Menschen seit Jahrtausenden Fleisch gegessen und es ist in unserer Tradition verankert. Warum sollte man das plötzlich ändern? Außerdem enthalten einige Fleischsorten viel Eiweiß.

Und das braucht der Körper. Natürlich willst du nicht, dass die Tiere, die dein Fleisch liefern, unnötig leiden, doch was kannst du schon ändern? Die Massentierhaltung ist die einzige Möglichkeit, um so viele Menschen mit viel Fleisch zu versorgen.

### Du spielst den überzeugten Vegetarier.

Fleisch schmeckt, doch ein kurzer, guter Geschmack ist es nicht wert, dass dafür ein sensibles Tier lebenslang leiden und sterben muss. Zumal Menschen, die kein Fleisch essen, laut Langzeitstudie des Deutschen Krebsforschungszentrums (DKFZ) in Heidelberg sogar länger leben als Fleischesser. Es gibt deiner Meinung

nach also keinen Grund, nicht auf Fleisch zu verzichten. Auch Tofu, Eier oder Milchprodukte enthalten viel Eiweiß – und können gut schmecken. Du bist dir sicher, die ethisch richtige Entscheidung zu treffen, indem du auf Fleisch verzichtest.

### Du spielst den überzeugten Veganer.

Fleisch würdest du auf keinen Fall essen. Doch auch Eier, Milchprodukte und Honig hast du vom Speiseplan gestrichen. Der Grund: Nur Hennen legen Eier. Daher werden die männlichen Küken der Betriebe, deren Eier im Supermarkt liegen, getötet: geschreddert oder vergast. Und den Kühen aus der Milchproduktion

werden kurz nach der Geburt die Kälber weggenommen und ebenfalls getötet. Kälber werden dennoch ständig nachgeboren, da Kühe nur Milch geben, wenn sie Nachwuchs haben. Solches Tierleid willst du nicht unterstützen! Und verzichtest daher konsequent. Beim Essen genießt du dafür ein gutes Gewissen.

1. **Lies die Texte in den Karten. Ordne die Argumente in einer Tabelle im Heft den Kategorien „ethisches Argument", „gesundheitliches Argument", „Genuss-/Lebensqualitätsargument" zu.**

2. **Bildet 3er-Gruppen. Verteilt die drei Rollen auf den Karten. Notiert im Heft weitere mögliche Argumente für eure jeweilige Rolle.**

3. **Führt in den 3er-Gruppen eine 10-minütige Diskussion. Spielt jeweils eure Rollen und bringt die Argumente aus Aufgabe 2 an passender Stelle ein.**

4. **Evaluiere die Diskussion schriftlich. Notiere dabei, welche Argumente**
   **a) dir eingeleuchtet haben.**
   **b) ethisch eine besonders große Relevanz hatten.**
   **Begründe jeweils deine Auswahl.**

5. **Wahlaufgabe: Recherchiere die Haltungsbedingungen von Tieren aus Massentierhaltung. Bewerte das Ergebnis anhand ethisch relevanter Aspekte und stelle es in einem Referat der Klasse vor.**

# Die Gesellschaft

# Hobbes: Leviathan

Thomas Hobbes (1588 – 1679) wurde durch sein Hauptwerk „Leviathan" zu einem der bekanntesten Staatstheoretiker überhaupt. Die Vertragstheorie, in der die Menschen aus dem Naturzustand heraus einen absolutistischen Machtträger bestimmen, der fortan als sterblicher Gott über sie herrscht und damit ihren Staat bildet, ist in der Regel die erste Berührung der Schüler mit der politischen Philosophie. In dieser Doppelstunde sollen die Grundlagen von Hobbes' Gesellschaftsvertrag erarbeitet werden.

### Definition von „Staat" bei Hobbes

Der Staat ist eine Person, dadurch, dass eine große Anzahl von Menschen in einem Vertrag jeder mit jedem beschlossen hat, dass diese Person der Herrscher ihrer Handlungen wird, ist der Staat legitimiert.. Der Zweck darin ist, dass diese Person die Stärke und Hilfsmittel aller ihrer Vertragsteilnehmer, wie sie es für zweckmäßig hält, zur Aufrechterhaltung des Friedens und für die gemeinsame Verteidigung einsetzen kann.

*(Informationen nach: Thomas Hobbes: Leviathan.*
*Teil 2 „Vom Staat"; Kapitel 17)*

### ◎ Klassenstufe

ab Klasse 9/10

### ◎ Kompetenzerwartungen

**1.** Die Schüler lernen die Grundlagen des Gesellschaftsvertrags bei Hobbes kennen.

**2.** Die Schüler vergleichen das zugrunde liegende Bild vom Staat mit dem zeitgenössischen Staatsbild.

### ◎ Material

☐ entspannende, z. B. klassische Musik für die Zeitreise (mindestens insgesamt ca. 20 Minuten) ☐ Möglichkeit, die Musik im Klassenzimmer abzuspielen ☐ das Arbeitsblatt „Hobbes – Gesellschaftsvertrag" (S. 90) im Klassensatz

### ◎ Stundenverlauf

#### Einstieg

Starten Sie mit einer Zeitreise für Ihre Schüler in die erste Stunde: *„Achtet darauf, dass ihr bequem sitzt und schließt die Augen. Begebt euch nun auf eine Zeitreise. Ich werde euch auf dieser Reise Fragen stellen. Stellt euch alles so genau wie möglich vor und sucht in euren Gedankenbildern nach möglichen Antworten auf die Fragen. Konzentriert euch jetzt nur noch auf die Zeitreise."* Starten Sie jetzt die Musik, bevor Sie weitersprechen: *„Wir reisen vom heutigen Tag an in der Zeit zurück. Wir reisen zu einem hypothetischen Zeitpunkt, zu dem die Menschen zum allerersten Mal beschlossen haben, einen Staat zu gründen. Stellt euch vor, wie sie damals gelebt haben könnten. Sie sind sich alle noch sehr ähnlich, da sie noch nicht so weit entwickelt sind. So haben alle dieselben Bedürfnisse nach Nahrung, Unterschlupf und Wärme. Diese Dinge gibt es aber nur begrenzt. Die Menschen stehen also alle darum in Konkurrenz zueinander. Es gibt noch keine Gesetze oder Regeln, auch keinen Besitz. Wenn jemand etwas haben will, nimmt er es sich einfach vom anderen. Wenn der sich wehrt, kommt es zu Gewalt. Jeder kämpft für sich allein. Der Stärkere gewinnt … Doch nun beginnt etwas Neues: Der erste Staat entsteht."* Machen Sie eine ca. einminütige Pause. *„Warum gründen die Menschen einen Staat? Was bringt sie dazu?"* Pause. *„Wer hatte die Idee?"* Pause. *„Was ändert sich dadurch, dass die Menschen einen Staat gründen?"* Warten Sie, bis die Musik endet, und bitten Sie die Schüler, die Augen wieder zu öffnen. Stellen Sie ihnen nun erneut die Fragen aus der Zeitreise und notieren Sie mögliche Antworten an der Tafel.

**Beispiel:** Warum gründen die Menschen einen Staat?

⊙ Sie werden von anderen Menschen bedroht und wollen sich schützen.

⊙ Sie befinden sich im Krieg aller gegen alle und wollen durch Übertragen der Macht an einen Staat Frieden schaffen.

⦿ Sie haben sich langsam weiterentwickelt und sich durch die Fortschritte verändert. Sie können dadurch nicht mehr allein leben, sondern brauchen einander. Dafür brauchen sie Regeln, die ein Miteinander überhaupt ermöglichen.

⦿ Sie möchten sich einfach Regeln für ein besseres Zusammenleben geben.

⦿ Sie wissen, dass sie in einem Staat ihre Kräfte bündeln können, z. B. durch Arbeitsteilung etc., und wollen dies nutzen.

### Erarbeitung/Sicherung

Erklären Sie den Schülern, dass viele politische Philosophen diese rein hypothetische Zeitreise in ähnlicher Form angewendet haben, um Sinn und Zweck des Staats zu erforschen. Die Theorie eines dieser Philosophen – Thomas Hobbes – werden sie in der folgenden Doppelstunde kennenlernen. Teilen Sie jetzt das Arbeitsblatt „Hobbes – Gesellschaftsvertrag" (S. 90) aus. Fordern Sie einen Schüler dazu auf, den Text vorzulesen. Geben Sie den Schülern anschließend fünf Minuten Zeit für Aufgabe 1.
Fordern Sie die Schüler nach Ablauf der Zeit auf: *„Gebt eure Hefte jeweils an den Nachbarn rechts von euch weiter und korrigiert eure Aufgaben gegenseitig. Begründet eure Korrekturen unter dem Text."*
Fordern Sie die Schüler im Anschluss dazu auf, Aufgabe 2 zu erarbeiten. Geben Sie dafür zehn Minuten Zeit. Nach Ablauf der Zeit korrigiert diesmal der jeweils links sitzende Nachbar die Aufgabe, bevor Sie die Ergebnisse der Aufgaben 1 und 2 zum Abschluss der ersten Stunde gemeinsam im Plenum besprechen.

### Transfer/Reflexion

Räumen Sie vor Beginn der zweiten Stunde die Tische an die Seite, sodass in der Mitte genügend Platz zum Umhergehen ist. Beginnen Sie die zweite Stunde mit einem Selbstversuch. Fordern Sie die Schüler einleitend dazu auf, frei im Raum umherzugehen: *„Stellt euch vor, dass ihr die Menschen seid, die Hobbes in seiner Naturzu-*

*standstheorie beschreibt. Es gibt keinen Staat. Jeder steht in Konkurrenz zu jedem um alles, was er braucht. Ihr misstraut einander und wollt eure Machtposition für mehr Sicherheit ausbauen."* Starten Sie noch einmal die Musik und lassen Sie die Schüler so ca. drei Minuten umhergehen. Stoppen Sie dann die Musik. Lassen Sie einige Schüler sich dazu äußern: *„Beschreibt, wie ihr den Naturzustand nach Hobbes empfunden habt."* Die Schüler werden ihre Beklemmungen und Furcht äußern.
Geben Sie nun folgenden Arbeitsauftrag: *„Löst euer Problem nun im Sinne von Hobbes. Ihr bekommt für euren Staatsvertrag 20 Minuten Zeit."* Überlassen Sie die Schüler mit diesen Worten wieder der Musik (leise stellen). Mischen Sie sich nach Möglichkeit nicht ein, sondern warten Sie den Selbstversuch ab. Erfahrungsgemäß entsteht zunächst ein wenig Durcheinander, später übernehmen einzelne Schüler eine Art Moderatorenrolle und „organisieren" die Situation. Stoppen Sie anschließend erneut die Musik, um das Ende der Übung anzudeuten. Erkundigen Sie sich nach den Erfahrungen der Schüler und notieren Sie Problem- und Fragestellungen an der Tafel (z. B. Schwierigkeiten bei der Entscheidung, wer die Staatsmacht übernimmt; Diskussionen über das Abstimmungsverfahren; Diskussion über den Umgang mit Gegenstimmen etc.). Vergleichen Sie die Ergebnisse der Klasse mit den hobbesschen Lösungen des Staatsvertrags. Erarbeiten Sie abschließend Aufgabe 3 gemeinsam in der Klasse. Achten Sie darauf, dass möglichst jeder Schüler zu Wort kommt.

### ◎ Tipp

Nehmen Sie in der folgenden Doppelstunde Rousseaus Staatsvertrag (s. S. 91) durch. Dieser völlig andere Ansatz ermöglicht Aufgabenstellungen zur Abgrenzung der beiden Gesellschaftsverträge voneinander.

# Hobbes – Gesellschaftsvertrag

## ◎ Der Naturzustand

Thomas Hobbes' (1588–1679) Naturzustand ist eine rein hypothetische Annahme: Bevor es Staaten gab, lebten die Menschen
in einem Krieg aller gegen alle. Dafür gibt es nach Hobbes drei
Gründe, die aus den Leidenschaften der Menschen geschluss-
folgert werden: 1. Konkurrenzdenken der Menschen, da sie alle
dasselbe wollten. 2. Misstrauen, da es keine Regeln gab. 3. Ruhmsucht, da die Menschen Macht übereinander haben wollten,
die ihren Wert erhöhte.
Nach Hobbes zeigt die Erfahrung, dass sich auch in den Zeiten,
in denen es Staaten bereits gibt, Gegenden, die gerade keine
Staaten sind, im Kriegszustand befinden. Das beweist für ihn
seine Theorie.

*Hobbes: Leviathan (Titelseite)*

## ◎ Die Vertragstheorie und der Staat

Dauerhaften Frieden bringt den Menschen nach Hobbes nur der
Staat. Er wird gegründet durch einen Vertrag, den alle Menschen,
die ihm als Untertanen angehören werden, schließen. Der Vertrag
ist eine wechselseitige Übertragung der gesamten Stärke und Macht auf einen Menschen oder eine Versammlung von Menschen, die ihre Einzelstimmen durch Stimmen-
mehrheit auf einen Willen reduzieren. Der Vertrag ist ein Akt, als hätte jeder zu jedem
gesagt: „Ich autorisiere diesen Menschen und übertrage ihm mein Recht, mich zu
regieren, unter der Bedingung, dass du ihm auch dein Recht überträgst." Durch diesen
Vertragsschluss werden die Untertanen „Autor aller Handlungen dieser Staatsfigur",
das heißt: Was immer sie tut, ist erlaubt und niemals Unrecht. Die Machtperson
(= Leviathan) kann den Vertrag nicht brechen. Die Untertanen sind für immer an den
Leviathan gebunden, dieser schafft dafür Frieden. Wenn eine Minderheit gegen die
Übertragung aller Rechte gestimmt hat, muss sie sich mit der Entscheidung der Mehrheit entweder zufriedengeben oder sie wird „von den übrigen vernichtet", denn diese
Minderheit verbleibt dann im Kriegszustand. Hobbes ist gegen eine Gewaltenteilung
im Staat, da diese seiner Meinung nach wie im Naturzustand gegnerische Lager her-
vorbringt, die miteinander um die höchste Macht konkurrieren. Das hätte wieder
Krieg zur Folge. Nur wenn der Staat eine Person ist, die alle Macht innehat, lässt sich
das verhindern. Ziel des Gesellschaftsvertrags bei Hobbes ist es, Frieden zu schaffen.

*(Informatiionen nach: Quelle: nach Thomas Hobbes: Leviathan. Teil 2 „Vom Staat"; Kapitel 17)*

1. **Lies den Text. Erkläre in eigenen Worten, warum sich der Mensch nach Hobbes im
   Naturzustand im Krieg befindet.**

2. **Arbeite in Stichworten heraus, auf welchem Weg der Staat sein Ziel erreichen soll.**

3. **Nimm aus heutiger Sicht kritisch Stellung zum Hobbesschen Gesellschaftsvertrag.**

# Rousseau: Gesellschaftsvertrag

*Jean-Jacques Rousseau*

Jean-Jacques Rousseau (1712–1778) ist wie Thomas Hobbes (1588–1679) ein Vertreter der politischen Philosophie. Anders als dieser unterstützte er aber keinen absolutistischen Herrschaftsanspruch eines Leviathan über seine Untertanen, sondern entwickelte vielmehr eine Theorie, die es ermöglichen sollte, dass die Bürger einander selbst über einen Gemeinwillen (volonté générale) regieren, der keine egoistischen Einzelansprüche kennt, sondern im Bürger, der den Gesellschaftsvertrag schließt, angelegt ist. Rousseau wurde – obwohl auch diese Staatstheorie aus unserer heutigen Sicht kritische Positionen beinhaltet – damit zu einem der Vordenker der Französischen Revolution. In dieser Doppelstunde sollen die Grundlagen von Rousseaus' Gesellschaftsvertrag erarbeitet werden.

### Definition des „Gemeinwillen"

### (volonté générale) bei Rousseau

Im Contract Sociale erklärt Rousseau über den Gemeinwillen, dass dieser durch den Gesellschaftsvertrag von allen Bürgern im Staat ausgehen soll, um sich auf alle zu beziehen. Jeder Bürger verfügt demnach neben einem Sonderwillen (mit z. B. persönlichen Wünschen, Vorteilen, Interessen) über einen Gemeinwillen, der bei allen Bürgern gleich ist (das, was für alle am besten ist). Der Gemeinwille soll in seinem Wesen immer allgemein sein, muss und kann sich nur auf Allgemeines beziehen (z. B. den Abschluss von Gesetzen; nicht aber kann z. B. ein einzelner Bürger verpflichtet werden, lebenslang zur Bundeswehr gehen zu müssen o. Ä., denn das wäre konkret auf die Situation eines Einzelnen bezogen und damit nicht mehr allgemein). Der Gemeinwille verliert seine natürliche Gültigkeit, sobald er auf einen einzelnen und fest umrissenen Gegenstand gerichtet wird. Auch der Souverän (= bei Rousseau das versammelte Volk) darf ggf. die allgemeinen Übereinkünfte aus dem Gemeinwillen aller Bürger nicht überschreiten.

Ein Problem, mit dem der Gemeinwille konfrontiert wird, ist, dass er nur gerecht ist, wenn mit ihm das ganze Volk über das ganze Volk entscheidet. Dass alle anwesend sind, ist aber natürlich praktisch nur in sehr kleinen Staaten möglich. Die Wahl von Abgeordneten verurteilt Rousseau als Faulheit der Bürger, da durch sie nicht der Gemeinwillen sprechen kann, sondern Sonderwillen leicht die Macht übernehmen. Ein weiteres Problem ist, dass – anders als in unserem heutigen politischen Verständnis – die Bürger nicht mit ihren Sonderwillen abstimmen dürfen, sondern so abstimmen müssen, wie es dem Gemeinwillen entspricht. Das sieht Rousseau als Pflicht, doch in der Praxis lässt sich nicht nachprüfen, ob die Bürger wirklich nur dem Gemeinwillen folgen. Bürger, die doch ihren Sonderwillen folgen, würden sich möglicherweise Vorteile verschaffen können.

Als Maßstab dafür, dass der Gemeinwille in einem Staat herrscht, nennt Rousseau die Einstimmigkeit bei Abstimmungen. Da der Gemeinwille immer gleich und unveränderlich ist, sind einstimmige Abstimmungen also ein Zeichen dafür, dass er herrscht. Einzelne Abweichungen von Bürgern, die sich dann „irren", sind natürlich möglich. Große Uneinigkeiten werden allerdings als Zeichen dafür gewertet, dass etwas im Staat nicht stimmt. Aus heutiger Sicht ist diese Diskursfeindlichkeit ebenfalls stark problematisch zu werten.

## ◎ Klassenstufe

ab Klasse 9/10

## ◎ Kompetenzerwartungen

1. Die Schüler kennen Rousseaus Gesellschaftsvertrag v. a. in Bezug auf das Konzept des Gemeinwillens.

2. Die Schüler vergleichen Rousseaus politisches Verständnis mit unserer heutigen Sichtweise.

## ◎ Material

☐ die Arbeitsblätter „Rousseaus politisches Ziel" (S. 93) und „Rousseau vs. Grundgesetz (S. 94) im Klassensatz

## ◎ Stundenverlauf

### Einstieg

Schreiben Sie folgende Frage an die Tafel: „*Wann ist ein politisches System gerecht?*" Sammeln Sie mit der Klasse Antworten und notieren Sie diese in Stichworten darunter. Erklären Sie abschließend, dass die Schüler in dieser Doppelstunde die Grundlage des politischen Systems von Jean-Jacques Rousseau kennenlernen werden.

### Erarbeitung/Sicherung

Teilen Sie das Arbeitsblatt „Rousseaus politisches Ziel" (S. 93) aus. Fordern Sie die Schüler dazu auf, den ersten Textabschnitt zu lesen und Aufgabe 1 und 2 in Einzelarbeit zu lösen. Besprechen Sie die Ergebnisse. In Partnerarbeit lösen die Schüler daraufhin Aufgabe 3.

### Transfer/Reflexion

Besprechen Sie die Ergebnisse und erarbeiten Sie im Plenum Aufgabe 4 bis zum Ende der Stunde. Vergleichen Sie dabei abschließend mit ihrer eingangs erstellten Stichwortliste zu „*Wann ist ein politisches System gerecht?*". Ergänzen Sie sie mit den neuen Antworten der Schüler.

Teilen Sie zu Beginn der zweiten Stunde das Arbeitsblatt „Rousseau vs. Grundgesetz" (S. 94) aus. Aufgabe 1 schließt an die Gerechtigkeitsfrage an, ist aber relativ einfach. Fordern Sie die Schüler dazu auf, diese und Aufgabe 2 in Einzelarbeit zu lösen.
Besprechen Sie nach ca. 15 Minuten die Ergebnisse und bearbeiten Sie Aufgabe 3 und 4 direkt im Plenum. Für Aufgabe 5 empfiehlt sich bei schwächeren Klassen ebenfalls die Bearbeitung im Plenum. In leistungsstärkeren Klassen können alternativ Kleingruppen à 3–5 Schülern gebildet werden. Bei Letzterem sollten die Ergebnisse anschließend natürlich im Plenum besprochen werden. Alternativ zur Gruppenarbeit kann Aufgabe 5 als Meinungslinie (als Ja-Nein-Frage) umgesetzt werden. Die Schüler können anschließend einzeln ihren Standpunkt begründen, damit sich alle Schüler reflektierend äußern können.
Bei Zeitmangel kann Aufgabe 5 alternativ auch als Hausaufgabe aufgegeben werden.

## ◎ Tipp

Nehmen Sie in der vorangehenden Doppelstunde Hobbes' Staatsvertrag (s. S. 88) durch. Dieser völlig andere Ansatz ermöglicht Aufgabenstellungen zur Abgrenzung der beiden Gesellschaftsverträge voneinander.

# Rousseaus politisches Ziel

> Der Mensch wird frei geboren, und überall ist er in Banden. Mancher hält sich für den Herrn seiner Mitmenschen und ist trotzdem mehr Sklave als sie. Wie hat sich diese Umwandlung zugetragen? Ich weiß es nicht. Was kann ihr Rechtmäßigkeit verleihen? Diese Frage glaube ich beantworten zu können.
>
> *Quelle: Rousseau, Gesellschaftsvertrag, 1761 erschienen; www.textlog.de/rousseau_vertrag.html*

## ◎ Das Konzept des Gemeinwillens

Im Gesellschaftsvertrag verpflichten sich die Menschen dazu, von nun an Bürger zu sein. Von nun an beschließen sie als Souverän (= versammeltes Volk) ihre Gesetze selbst. In großen Staaten dürfen Gesetzgeber eingesetzt werden, die Gesetzestexte vorformulieren, über die dann die Bürger abstimmen. Wichtig: Niemand darf mit seinem Sonderwillen abstimmen (= nicht für das stimmen, was für ihn selbst am besten ist). Stattdessen müssen die Bürger mit dem Gemeinwillen, der am Gemeinwohl aller orientiert ist, abstimmen. Der Gemeinwille ist daher immer gleich. Abstimmungen in funktionierenden Staaten sollten deshalb nahezu einstimmig (einige könnten sich „irren") ausfallen. Der Gemeinwille muss immer von allen Bürgern ausgehen und sich auf alle beziehen. Die Bürger geben sich so Gesetze, dürfen aber keinen Einzelnen hervorheben oder Regeln vereinbaren, die nur für einen gelten usw. Damit der Gemeinwille sprechen kann, muss bei jeder Abstimmung möglichst das ganze Volk anwesend sein.

## ◎ Der egoistische Sonderwille

Von Natur aus ist der Mensch nach Jean-Jacques Rousseau gut. Doch den Naturzustand hat er in einer Folge kleiner Schritte schließlich verlassen und kann nie wieder dorthin zurück. Der Mensch ist nun vor Beginn des Staates verdorben, abhängig und versklavt. Denn jeder folgt seinen egoistischen Sonderwillen. Seine natürliche Freiheit kann er nicht wiederfinden. Doch der Weg in die bürgerliche Freiheit steht ihm offen. Die Menschen können einstimmig einen Gesellschaftsvertrag beschließen und in einen rechtmäßig regierten Staat übertreten, der dem Chaos der widerstreitenden Sonderwillen ein Ende setzt. Doch niemand darf zur Zustimmung zum Gesellschaftsvertrag gezwungen werden. Er muss es aus freiem Willen tun – doch letztlich weiß jeder, dass es für ihn am besten ist.

1. **Lies die Gedankenblase. Interpretiere die Bedeutung des ersten Satzes im Hinblick auf unsere heutige Zeit. Nenne Beispiele.**

2. **Beschreibe das Menschenbild, das im Zitat durchscheint, und das Ziel Rousseaus.**

3. **Lest in 2er-Gruppen den restlichen Text. Sammelt mindestens drei konkrete Beispiele für Sonderwillen und Gemeinwillen.**

4. **Sammelt in einer Gegenüberstellung mögliche Vor- und Nachteile des Gesellschaftvertrags von Jean-Jacques Rousseau.**

# Rousseau vs. Grundgesetz

**a)** Es gibt Abgeordnete, die vom Volk gewählt wurden und dieses repräsentieren sollen.

**b)** Der Gemeinwille ist immer gleich.

**c)** Die Entscheidung fällt aus der Summe der Sonderwillen.

**d)** Jeder Bürger, der ein Einkommen erhält, bezahlt Steuern.

**e)** Die Entscheidung fällt der Gemeinwille.

**f)** „Steuer ist ein Sklavenwort." (Nur Sklaven, die sich nicht selbst regieren, bezahlen Steuern.)

**g)** Es gibt keine Abgeordneten, da sie nur ihre Sonderwillen vertreten. Die Bürger sollen selbst entscheiden.

**h)** Jeder Bürger darf für das abstimmen, was ihm gefällt.

**i)** Jeder Bürger hat die Pflicht, so abzustimmen, wie es für die Gemeinheit am besten ist.

**j)** Politische Entscheidungen können richtig oder falsch getroffen werden.

**k)** Der Ausgang einer Abstimmung hängt von vielen verschiedenen, auch tagespolitischen Aspekten ab.

**l)** Der Gemeinwille kann sich nicht irren.

1. **Betrachte die Abbildung der Justitia (Personifikation der Gerechtigkeit). Nenne die Symbole, die im Bild für die Gerechtigkeit stehen. Begründe.**

2. **Ordne die obigen Sätze einer Tabelle zu, die das politische System der Bundesrepublik Deutschland der politischen Theorie Rousseaus gegenüberstellt.**

3. **Betrachtet die Tabelle. Sucht nach Gründen für die Unterschiede. Bewertet die einzelnen Aspekte.**

4. **Stellt gemeinsam drei mögliche Klassenregeln auf und stimmt darüber nach Rousseaus Vorschlag mit eurem Gemeinwillen ab.**

5. **In Rousseaus Vorstellung versammelt sich das ganze Volk, um sich Gesetze zu geben. In Deutschland mit rund 80 Millionen Einwohnern unvorstellbar … Doch durch das Internet könnten solche nach heutigem Begriff direktdemokratischen Abstimmungen theoretisch wirklich möglich werden. Nimm Stellung dazu, ob es sinnvoll wäre, dass die Bürger über Gesetze selbst im Internet abstimmen und diese dann verabschieden.**

# Spieltheorie

Entscheidungstheorien und -strategien spielen im Philosophie- und Ethik-Lehrplan eine große Rolle. Die Schüler erhalten Gelegenheit, erste strategische Überlegungen zur Spieltheorie zu entwickeln. In dieser Doppelstunde geschieht dies auf spielerische Weise, indem die Schüler an einem Spieltheorie-Experiment teilnehmen und dieses auswerten.

## *Spieltheorie*

Die Spieltheorie befasst sich mit Entscheidungssituationen, in denen sich mehrere Personen gegenseitig beeinflussen. Dabei gibt es meist einen Konflikt, z. B. ein knappes Gut, das möglichst gerecht verteilt werden soll. Untersucht wird u. a., unter welchen Bedingungen die Personen eher altruistisch bzw. eher egoistisch entscheiden und welche rationalen Strategien sie bei ihrer Entscheidungsfindung anwenden.

## *Die Tragik der Allmende*

Die „Tragik der Allmende" beschreibt ein Modell, bei dem allgemeine, frei verfügbare, aber begrenzte Ressourcen durch die Übernutzung durch Einzelne ausgeschöpft, überlastet oder ineffektiv genutzt werden. Wichtig ist dabei die Auswirkung des Verhaltens Einzelner. Dieses Verhalten ist für die nachhaltige Nutzung, den Gewinn oder dessen Verteilung ausschlaggebend. Das Modell wird anhand eines Experiments mit Bonbons nachgestellt.

## ◎ Klassenstufe

ab Klasse 7

## ◎ Kompetenzerwartungen

1. Die Schüler kennen mit „Im Bonbonfieber" ein spielerisches Beispiel für das Modell der „Tragik der Allmende" (auch wenn sie diesen Begriff nicht verwenden).

2. Die Schüler wenden in einem Spieltheorie-Experiment verschiedene Strategien an und reflektieren deren Folgen für sich selbst und die soziale Gruppe.

3. Die Schüler evaluieren gerechtes Verhalten im Experiment aus der Spieltheorie.

4. Die Schüler beziehen das Beispiel aus dem Spiel analog auf die Situation der eigenen Lebenswelt (Ressourcenknappheit).

## ◎ Material

☐ 50 Bonbons je Gruppe   ☐ das Material „Im Bonbonfieber" (S. 96)   ☐ 1 Korb pro Gruppe à 4 – 5 Schüler   ☐ das Arbeitsblatt „Interpretation zu ‚Im Bonbonfieber'" (S. 97) im Klassensatz

## ◎ Stundenverlauf

### *Einstieg*

Steigen Sie direkt mit dem Spiel in die Stunde ein. Fordern Sie die Schüler dafür dazu auf, Gruppen à 4 – 5 Schüler zu bilden, und teilen Sie jeder Gruppe das Materialblatt „Im Bonbonfieber" (S. 96), einen Korb sowie die Bonbons aus.

### *Erarbeitung/Sicherung*

Fordern Sie die Schüler auf: *„Erarbeitet in den Gruppen selbstständig die Aufgaben 1 bis 5. Ihr habt dafür die ganze Stunde Zeit."*

### *Transfer/Reflexion*

Fragen Sie die Schüler zu Beginn der zweiten Stunde nach ihren Erfahrungen während des Spiels und lassen Sie diese ihre Ergebnisse zu den Aufgaben vortragen. Unterschiedliche Strategieansätze können zur Diskussion gestellt werden. Teilen Sie anschließend das Arbeitsblatt „Interpretation zu ‚Im Bonbonfieber'" (S. 97) aus: *„Begebt euch zurück in die Gruppen und erarbeitet die Aufgaben 1 und 2. Ihr habt dafür noch einmal 15 Minuten Zeit."* Besuchen Sie schwächere Gruppen, um diese zu unterstützen. Besprechen Sie die Ergebnisse anschließend im Plenum. Diskutieren Sie abschließend Aufgabe 3. Als Hausaufgabe können die Ergebnisse der Diskussion im Heft festgehalten werden.

# Im Bonbonfieber

## *Spielanleitung*

**Spieler**
4–5

**Ihr braucht**
50 Bonbons, einen Korb

**Vorbereitung**
Legt die 50 Bonbons in den Korb. Der Korb ist die Bank.
Legt nun pro Spieler aus der Gruppe drei Bonbons auf den Tisch.

**Durchführung:**
Jedes Spiel besteht aus sechs Runden. Der jüngste Spieler beginnt. Nacheinander nimmt jeder Spieler reihum jeweils ein bis maximal drei Bonbons vom Tisch. Nach einer Runde muss jeder Spieler ein Bonbon in die Bank zurücklegen. Außerdem wird die Anzahl der Bonbons, die noch auf dem Tisch liegen, mit Bonbons aus der Bank verdoppelt (wenn z. B. noch 2 Bonbons auf dem Tisch liegen, werden noch 2 aus der Bank ergänzt.). Wenn die Bank nicht mehr genug Bonbons hat, werden so viele wie möglich hinzugefügt. Das Spiel geht dann einfach weiter. Ziel des Spiels ist es, so viele Bonbons wie möglich in sechs Runden zu sammeln. Wenn keine Bonbons mehr auf dem Tisch liegen, endet das Spiel. Das kann auch bereits vor Ablauf der sechs Runden geschehen.

1. Bildet 4er- oder 5er-Gruppen. Lest die Spielanleitung. Spielt „Im Bonbonfieber" einmal komplett, ohne dabei die anderen Spieler zu beeinflussen oder die Spielstrategie zu besprechen. Schreibt am Ende auf, wie viele Bonbons ihr gewonnen habt und gebt sie zurück an die Bank.

2. Spielt das Spiel zwei weitere Male. Diesmal darf über die Strategie gesprochen werden. Am Ende des zweiten Spiels werden die Bonbons nach Notieren des Spielstands wieder an die Bank gegeben. Am Ende des dritten Spiels darf jeder die Bonbons, die er gewonnen hat, behalten. Versucht daher, beim dritten Spiel so viele Bonbons wie möglich zu gewinnen.

3. Vergleicht, wie viele Bonbons ihr in welchem Spiel gewonnen habt. Notiert eure Überlegungen dazu, warum ihr in welchem Spiel besonders erfolgreich wart.

4. Findet heraus, welcher Spieler eurer Gruppe die maximale Bonbonzahl in einem Spiel gewonnen hat. Befragt ihn nach seiner Strategie und notiert sie im Heft.

5. Beschreibt in der Gruppe die beste Strategie, um möglichst viele Bonbons zu sammeln. Kann die Strategie von einer einzelnen Person erfolgreich eingesetzt werden, oder muss die ganze Gruppe derselben Strategie folgen, damit sie erfolgreich ist? Notiert eure Überlegungen im Heft.

# Interpretation zu „Im Bonbonfieber"

| Im Bonbonfieber | In der realen Welt |
|---|---|
| die Bonbons auf dem Tisch | *die gemeinsamen Ressourcen der Erde, wie Nahrung, Holz, Öl, Wasser etc.* |
| die Entscheidung, wie viele Bonbons man als Spieler in einer Runde aufnimmt | |
| Am Ende jeder Runde muss ein Bonbon in die Bank gelegt werden. | |
| Am Ende jeder Runde werden die Bonbons verdoppelt. | |
| Je mehr Bonbons man als Spieler aufnimmt, desto weniger bleiben im Spiel und werden am Ende für alle verdoppelt. | |
| Egal, wie viele Bonbons man selbst vom Tisch nimmt, bleibt das Ergebnis der Bonbons, die am Ende der Runde verdoppelt werden, immer auch abhängig von den Entscheidungen der anderen Spieler und dem Gelingen der Zusammenarbeit. | |
| Es kann passieren, dass es keine Bonbons mehr in der Bank gibt. | |

1. **„Im Bonbonfieber" zeigt eine Situation, die es auch in der realen Welt gibt. Lest die Tabelle. Diskutiert in der Gruppe, wofür die einzelnen Teile aus dem Spiel in der realen Welt stehen könnte und ergänzt die Tabelle.**
   **Tipp: Orientiert euch am bereits ausgefüllten Beispiel.**

2. **Beschreibt in eigenen Worten, welche Erkenntnisse aus diesem Spiel in das reale Leben übertragen werden können. Notiert eure Antwort im Heft.**

3. **Diskutiert in der Klasse, mit welchen Mitteln man in der realen Welt dafür sorgen kann, dass die Menschen der besten Strategie für alle folgen.**

© Verlag an der Ruhr | Autorin: Regine Rompa | ISBN 978-3-8346-2525-0 | www.verlagruhr.de | 30 x 90 Minuten | **Philosophie/Ethik**

# Warum arbeiten?

Die Berufsorientierung ist der erste wichtige Schritt, den die Schüler nach der Schulzeit gehen. Auch die Entscheidung für den Besuch einer weiterführenden Schule bzw. einer Hochschule ist insofern ein Schritt im Sinne der Berufsorientierung, als sich damit neue Berufsmöglichkeiten auftun. Diese Doppelstunde befasst sich nicht mit den persönlichen Vorlieben der Schüler, die sie für die Berufsorientierung analysieren sollten, sondern vielmehr grundlegend damit, warum wir in unserer Gesellschaft überhaupt arbeiten, also mit dem Ziel und Zweck der Arbeit im Kontext des Lebens in der Gesellschaft.

## ◎ Klassenstufe

ab Klasse 8

## ◎ Kompetenzerwartungen

1. Die Schüler kennen verschiedene Motive, zu arbeiten.

2. Die Schüler recherchieren in einer Umfrage in ihrem Umfeld weitere Gründe, zu arbeiten.

3. Die Schüler analysieren und vergleichen die eigenen Motive, zu arbeiten.

## ◎ Material

☐ linierte Blätter für das Eintragen der Umfrageergebnisse in den 2er-Gruppen (die Schüler könnten alternativ auch direkt ins Heft schreiben)
☐ das Arbeitsblatt „Arbeitsleben – Arbeit und Leben" (S. 100) im Klassensatz

## ◎ Stundenverlauf

### Einstieg

Teilen Sie den Schülern das Arbeitsblatt „Arbeitsleben – Arbeit und Leben" (S. 100) aus. Fordern Sie diese dazu auf, die dargestellten Bilder zu betrachten und deren Bezug zum Thema Arbeit direkt im Plenum herzustellen (Aufgabe 1).

### Erarbeitung/Sicherung

Fordern Sie die Schüler auf: „Bildet 2er-Gruppen und erarbeitet die Aufgabe 2 und 3. Ihr habt dafür zehn Minuten Zeit." Besprechen und diskutieren Sie die Ergebnisse im Plenum. Erstellen Sie im Anschluss bis zum Ende der Stunde durch Auswertung (z. B. Strichsystem) gemeinsam die Übersicht mit den in der Klasse beliebtesten Gründen, zu arbeiten. Am Ende der Stunde sollte die Übersicht fertig und von den Schülern ins Heft übertragen worden sein.

Fordern Sie die Schüler zu Beginn der zweiten Stunde dazu auf, die Umfrage durchzuführen: „Innerhalb der nächsten 35 Minuten führt ihr in 2er-Gruppen eine Umfrage (z. B. in der Hauptstraße etc.) durch. Befragt dafür Berufstätige, welche drei Hauptgründe sie dazu veranlassen, zu arbeiten. Gebt als Antwortmöglichkeiten die Gründe aus der Übersicht in eurem Heft vor. Die Befragten dürfen aber auch eigene Gründe hinzufügen. Sammelt die Ergebnisse mit Strichen hinter den Gründen. Wenn ihr noch einmal nachlesen wollt, findet ihr eure Arbeitsanweisung auch in Aufgabe 5 auf dem Arbeitsblatt. Gibt es dazu noch Fragen? ... Wir treffen uns in 35 Minuten wieder hier und werten eure Ergebnisse gemeinsam aus."

### Transfer/Reflexion

Fragen Sie die Schüler nach Ihren Erfahrungen und werten Sie die Ergebnisse gemeinsam aus. Übernehmen Sie dafür die von den Schülern erstellte Übersicht erneut und fügen Sie Striche (jeweils einen Strich pro Nennung) hinter die jeweils angegebenen Gründe, zu arbeiten. Zählen Sie auf diese Weise aus, welche Gründe am beliebtesten sind. Die Schüler schreiben jeweils im Heft mit. Diskutieren Sie in der Klasse mögliche Gründe für das Ergebnis.

Fragen Sie die Schüler auch noch einmal, ob das Ergebnis mit ihrer Meinung übereinstimmt bzw. worin sich Unterschiede zur eigenen Motivation, zu arbeiten, feststellen lassen. Sie können in diesem Rahmen z. B. auch folgendes Zitat des Philosophen Immanuel Kant (1724–1804) an die Tafel schreiben und mit dem Ergebnis vergleichen lassen:

> Der Hang zur Gemächlichkeit ist für den Menschen schlimmer als alle Übel des Lebens. Es ist daher äußerst wichtig, dass Kinder von Jugend auf arbeiten lernen.
> Immanuel Kant, 1724–1804

Hieraus lässt sich die Motivation der Vermeidung der Gemächlichkeit herauslesen. Der Mensch arbeitet also hiernach, um damit seinen Charakter zu prägen, z. B. pflichtbewusst und aktiv zu sein (intrinsische Gründe). Voraussichtlich wird diese Motivation eine andere sein als die, die in der Umfrage und der eigenen Meinung der Schüler vorherrscht (eher extrinsische Gründe, z. B. Arbeit als Mittel zum [Konsum-]Zweck).

### ◎ Hausaufgabe

Fordern Sie die Schüler dazu auf, das Ergebnis ihrer Umfrage schriftlich zusammenzufassen und ihre persönliche Meinung darin noch einmal auszudrücken.

### ◎ Tipp

In Schulen, in denen es wenig Möglichkeit gibt, Umfragen direkt vor Ort durchzuführen, kann stattdessen auch z. B. eine Facebook-Seite gestartet und darauf eine Facebook-Umfrage durchgeführt werden. Die Schüler können die Umfrage dann zur besseren Verbreitung teilen. Diese Umfrage muss dann natürlich einige Tage vorher vorbereitet werden.

# Arbeitsleben – Arbeit und Leben

## *Arbeitsleben im Durchschnitt*

Das Statistische Bundesamt und das Institut für Arbeitsmarkt- und Berufsforschung (IAB) berichten, dass sich seit 1970 die jährliche Arbeitszeit pro Kopf von Berufstätigen immer weiter gesenkt hat. Im Jahr 2012 arbeitete ein Berufstätiger durchschnittlich 1396,6 Arbeitsstunden. Das sind im Durchschnitt rund 116 Stunden im Monat bzw. etwa 29 Stunden in der Woche.

*Arzt im Patientengespräch*

Hierin sind allerdings auch Teilzeit-Berufstätige enthalten. Laut einer Studie der EU (2011) liegt die durchschnittliche Wochenarbeitszeit von Vollzeitberufstätigen in Deutschland hingegen bei 40,4 Stunden. Weil in Deutschland im Durchschnitt eine Arbeitszeit von 37,3 Stunden für Vollzeitbeschäftigte gilt, bedeutet dass, dass die Berufstätigen im Durchschnitt etwas länger am Arbeitsplatz sind, als sie müssten.

*Chefin im Vorstellungsgespräch*

Das Renteneintrittsalter liegt beim durchschnittlichen Deutschen, trotz Anpassung auf 67 Jahre, aktuell bei 62,2 Jahren.

*Schweißer bei der Arbeit*

1. **Beschreibt die dargestellten Bilder und ihren Bezug zum Thema „Arbeit".**

2. **Lest den Text. Sucht nach Gründen dafür, dass Menschen arbeiten. Sammelt sie in einer Liste im Heft.**
   **Tipp: Die dargestellten Abbildungen können euch weiterhelfen.**

3. **Analysiert eure Liste aus Aufgabe 2. Diskutiert, welche der Gründe für euch persönlich für eure Berufsentscheidung am wichtigsten sind. Begründet eure Auswahl schriftlich.**

4. **Diskutiert eure Angaben aus Aufgabe 3 in der Klasse. Erstellt eine Übersicht über die in eurer Klasse wichtigsten Gründe, zu arbeiten.**

5. **Führt selbst eine Umfrage durch. Stellt dabei in 2er-Gruppen Berufstätigen auf der Straße die Frage, welche drei Hauptgründe sie dazu veranlassen, zu arbeiten. Gebt als Antwortmöglichkeiten die Angaben aus eurer Übersicht aus Aufgabe 4 vor sowie die Möglichkeit, eigene Antworten zu ergänzen.**

6. **Wertet eure Umfragebögen in der Klasse aus und evaluiert das Ergebnis schriftlich.**

# Work-Life-Balance

In den Medien ist die Work-Life-Balance immer wieder ein großes Thema (im Zusammenhang mit Burnout und Boreout, der Vereinbarkeit von Beruf und Familie, Kita-Plätzen, Kindererziehung, gesetzlichen Gegebenheiten in Bezug auf die Arbeitszeit, Forderungen der Gewerkschaften etc.). In dieser Doppelstunde sollen sich bereits die Jugendlichen mit diesem gesellschaftlich wichtigen Thema auseinandersetzen. Als Rahmen dafür empfehlen sich Lehrplaneinheiten zur Berufsorientierung, wie sie unter verschiedenen Bezeichnungen in den Ethik-Lehrplänen fast aller Bundesländer enthalten sind. Sie kann aber auch in einer Reihe zum Thema „Glück" oder „gutes Leben" ihren Platz finden.

## *Ziele der Work-Life-Balance*

Das gesunde Gleichgewicht zwischen Arbeit und Freizeit, wie es unter dem Begriff „Work-Life-Balance" gefordert wird, kann nicht das statische Ziel einer 50:50-Verteilung zwischen Arbeit und Freizeit haben. Vielmehr muss individuell und unter Beachtung des persönlichen Kontexts geprüft werden, wie Arbeit und Freizeit verteilt sein müssen, sodass ein gesundes Verhältnis vorliegt. Faktoren, von denen die Verteilung abhängt, sind u.a. das Alter der berufstätigen Person, ihr Familienstand, ihre persönlichen Ziele, der Beruf, in dem sie tätig ist, charakterliche Eigenschaften und persönliche Vorlieben. Entscheidend ist auch, dass die Freizeit sinnvoll so verbracht wird, dass sie einen wirklichen Ausgleich bieten kann. Oft wird Work-Life-Balance daher auch mit der Planung der eigenen Ressourcen verbunden: Soziale, emotionale, physische und nicht zuletzt finanzielle Ressourcen werden durch eine gelungene, gesunde Verteilung zwischen Arbeit und Freizeit nachhaltig genutzt. Die Work-Life-Balance ist insofern ein ethisch relevantes Thema, als sie sich damit auseinandersetzt, wie wir leben sollen bzw. wie das Leben in der Gesellschaft für alle Beteiligten fair organisiert werden kann.

## ◎ Klassenstufe

ab Klasse 9/10

## ◎ Kompetenzerwartungen

1. Die Schüler lernen den Begriff „Work-Life-Balance" kennen und hinterfragen diesen kritisch.

2. Die Schüler reflektieren die Bedeutung einer gelingenden Work-Life-Balance.

3. Die Schüler reflektieren, welche Faktoren für ein Gleichgewicht zwischen Arbeit und Freizeit wichtig sind.

## ◎ Material

☐ das Arbeitsblatt „Ein Gleichgewicht für Arbeit und Freizeit" (S. 103) im Klassensatz   ☐ pro 3 oder 4 Schüler ein Poster, auf das eine Collage angefertigt werden kann   ☐ Zeitschriften, aus denen Bilder und Textversatzstücke ausgeschnitten werden können   ☐ Scheren   ☐ Klebstoff

## ◎ Stundenverlauf

### *Einstieg*

Zum Einstieg in diese Einheit eignet sich die Blitzlicht-Methode: Erklären Sie den Schülern nach der Begrüßung, dass es sich bei der sogenannten „Work-Life-Balance" um ein gesundes Gleichgewicht zwischen Arbeit und Freizeit handelt. Fordern Sie die Schüler jetzt dazu auf, reihum zu sagen, was sie sich konkret unter einer „gelungenen Work-Life-Balance" vorstellen. Jeder Satz soll dabei mit „Ich stelle mir vor, …" beginnen. Achtung: Während des Blitzlichts dürfen maximal Verständnisfragen gestellt werden; es soll nicht durch Diskussionen unterbrochen werden. Ansonsten bleiben alle, bis auf den Schüler, der gerade an der Reihe ist, still. Durch das Blitzlicht kommen die Schüler schnell auf den gleichen Stand beim Verständnis des Begriffs bzw. erhalten einen raschen Überblick über verschiedene Bereiche des Themas. Ein weiterer Vorteil ist, dass Sie das Vorwissen prüfen und ggf. später entsprechend steuernd eingreifen können.

### *Erarbeitung/Sicherung*

Teilen Sie nach Abschluss des Blitzlichts das Arbeitsblatt „Ein Gleichgewicht für Arbeit und Freizeit" (S. 103) aus: *„In dieser Doppelstunde werdet ihr mehr darüber erarbeiten, was es mit einem guten Gleichgewicht zwischen Arbeit und Freizeit auf sich hat, warum das so wichtig und auch ethisch relevant ist."*
Fordern Sie die Schüler auf, Aufgabe 1 in Einzel- oder Partnerarbeit zu lösen. Geben Sie dafür maximal fünf Minuten Zeit. Besprechen Sie anschließend das Ergebnis im Plenum. Fragen Sie die Schüler dabei auch nach eigenen ähnlichen Erfahrungen der Überlastung und lassen Sie diese nach den Ursachen hierfür forschen. Halten Sie jene ebenfalls schriftlich in Stichworten fest.

### *Transfer/Reflexion*

Fordern Sie die Schüler nun dazu auf, Aufgabe 2 in Einzelarbeit zu lösen. Geben Sie dafür zehn Minuten Zeit. Lassen Sie mehrere Schüler ihre kritischen Stellungnahmen vorlesen und diskutieren Sie diese bis zum Ende der Stunde in der Klasse.

### *Erarbeitung/Sicherung*

Lesen Sie zu Beginn der zweiten Stunde den Text in der Klasse. Klären Sie ggf. Verständnisfragen und fordern Sie die Schüler dann dazu auf, in Einzel- oder Partnerarbeit Aufgabe 3 zu lösen. Geben Sie dafür zehn Minuten Zeit, bevor Sie die Ergebnisse im Plenum besprechen.

### *Transfer/Reflexion*

In Aufgabe 4 beschäftigen sich die Schüler nun mit den Faktoren ihrer eigenen Work-Life-Balance bzw. damit, wie sie diese aktiv steuern können: *„Erarbeitet Aufgabe 4 in Einzelarbeit. Ihr stellt eure Ergebnisse einander später in Gruppen vor."* Lassen Sie die Schüler nach Ablauf von zehn Minuten 3er- oder 4er-Gruppen bilden und Aufgaben 5 und 6 bearbeiten. Teilen Sie dafür jeder Gruppe ein Poster, Scheren, Klebstoff und einige Zeitschriften aus.
Die Schüler präsentieren und diskutieren die Ergebnisse am Ende der Stunde im Plenum (bei Zeitnot können Sie auch in der folgenden Stunde präsentieren lassen). Halten Sie die wichtigsten Punkte zum Mitschreiben schriftlich fest.

## ◎ Tipp

Falls am Ort ein größeres Unternehmen ansässig ist, kann es sehr spannend sein, einen Vertreter der Personalabteilung einzuladen und danach zu befragen, was von Unternehmensseite aus getan wird, um eine gute Work-Life-Balance der Mitarbeiter zu erzielen. Oft haben die Unternehmen hierzu umfassende Strategien entwickelt, die vom Mitarbeitersport über gesundes Essen in der Kantine, Kinderbetreuung und besondere Angebote für Mütter, Aufstellen von Kickern o. Ä. für eine gute Atmosphäre mit den Kollegen und einen kurzen Ausgleich zu langen Konzentrationsphasen etc. reichen.

# Ein Gleichgewicht für Arbeit und Freizeit

„Arbeit ist der Ort, an dem man Zeit gegen Geld eintauscht."

„Die Balance zwischen Arbeit und Freizeit ist gut, wenn man viel arbeitet, wenn man jung ist, damit man gut versorgt ist, wenn man alt ist."

„Work-Life-Balance ist das, was irgendwo zwischen Burnout und Boreout liegt."

## ◎ Arbeit oder Leben? Ehrlich?

Work-Life-Balance – übersetzt: Arbeits-Lebens-Balance – suggeriert, dass Arbeit und Leben zwei verschiedene Dinge sind, die es auszubalancieren gilt. Heißt das, dass man während der Arbeit nicht lebt? Sicher nicht! Eigentlich ein merkwürdiger Begriff, da doch Arbeit ein Teil des Lebens ist. Auch die Arbeit sollte man also leben können, sodass sich im Idealfall beides wechselseitig positiv beeinflusst, man z. B. privat ausspannt, um bei der Arbeit körperlich fit zu sein oder privat Sport macht, weil man bei der Arbeit viel sitzt. Doch auch zeitmäßig muss die Balance stimmen: Wie genau Arbeit und Freizeit verteilt sein müssen, damit sich der Beschäftigte wohlfühlt, ist individuell unterschiedlich.

Nicht zuletzt hängt das auch vom Alter ab: Jemand, der gerade mit dem Arbeiten begonnen hat, will vielleicht erst einmal beruflich durchstarten und fühlt sich daher mit wenig Freizeit wohl, weil er viel Sinn in seinem Beruf findet, ein Berufstätiger mit Familie möchte diese hingegen oft so mit dem Beruf vereinbaren, dass genügend Freizeit bleibt, um mit den Kindern zu spielen.
Wie genau Arbeit und Freizeit verteilt sein sollten, bleibt so von vielen Faktoren abhängig – und kann immer wieder neu zur Diskussion gestellt werden.

1. **Betrachte die Abbildung. Beschreibe, was für ein Bild von Arbeit sie vermittelt und nenne drei Aspekte, die einen solchen Zustand verursacht haben könnten.**

2. **Lies die drei Zitate zum Thema „Work-Life-Balance". Nimm im Heft kritisch Stellung dazu.**

3. **Lies den Text. Nenne mindestens fünf Faktoren, die einen Einfluss darauf haben können, wie man seine „Work-Life-Balance" empfindet.**

4. **Überlege, was du selbst tun kannst, wenn du dich von deiner Arbeit überlastet fühlst. Erstelle eine Liste mit Maßnahmen.**

5. **Bildet 3er- oder 4er-Gruppen. Stellt euch eure Listen aus Aufgabe 4 gegenseitig vor und gebt euch Feedback und Tipps dazu.**

6. **Überlegt, wie eine Gesellschaft aussehen müsste, in der eine perfekte Work-Life-Balance herrscht. Gestaltet dazu eine Collage. Achtet darauf, dass eure Maßnahmen möglichst für alle fair und trotzdem umsetzbar sind.**

# Ökonomie und Ökologie

Das Spannungsverhältnis zwischen Ökonomie und Ökologie ist eines der großen Themen unserer Zeit. Der Lehrplan sieht die Beschäftigung damit durch die Schüler je nach Bundesland z. B. im Rahmen von „Verantwortung für Mensch und Umwelt" oder „Wirtschaftsethik" vor. In dieser Doppelstunde nähern sich die Schüler dem Thema anhand des anthropogenen Treibhauseffekts als exemplarischem Beispiel.

## Wirtschaftsethik

Sowohl ein stetes Wirtschaftswachstum als auch der Schutz der Umwelt liegen im Interesse des Staates. Doch nicht selten geraten diese beiden Zielsetzungen in ein Spannungsverhältnis zueinander. Die Angewandte Ethik befasst sich im Bereich Wirtschaftsethik u. a. damit, anhand welcher Kriterien und auf welche Weise dieses Spannungsverhältnis gerecht gelöst werden könnte. Andere wichtige Themenbereiche der Wirtschaftsethik sind z. B. der Welthunger und die Entwicklungshilfe, Arbeitslosigkeit, die Unternehmensethik oder die Konsumentenethik.

## ◎ Klassenstufe

ab Klasse 7/8

## ◎ Kompetenzerwartungen

1. Die Schüler verstehen anhand des anthropogenen Treibhauseffekts ein Spannungsverhältnis zwischen Ökonomie und Ökologie.

2. Die Schüler diskutieren die Werte, die sich hierbei im Konflikt miteinander befinden und suchen nach Kriterien für eine gerechte Entscheidung.

3. Die Schüler erfassen die Bedeutung der Verantwortung und leiten daraus Handlungsverpflichtungen ab.

4. Die Schüler recherchieren eigene Handlungsmöglichkeiten.

## ◎ Material

☐ die Arbeitsblätter „Der anthropogene Klimawandel" (S. 105) und „Die Frage der Verantwortung" (S. 106) im Klassensatz

## ◎ Stundenverlauf

### Einstieg

Erstellen Sie mit der Klasse eine Mindmap zum Thema „Klimawandel", um das Vorwissen der Schüler zu prüfen und auf den gleichen Stand zu bringen.

### Erarbeitung/Sicherung

Teilen Sie das Arbeitsblatt „Der anthropogene Klimawandel" (S. 105) aus. Fordern Sie die Schüler dazu auf, Aufgabe 1 in Einzelarbeit zu erarbeiten. Geben Sie dafür ca. fünf Minuten Zeit. Besprechen Sie das Ergebnis im Plenum.
Erteilen Sie dann den nächsten Arbeitsauftrag: „Bildet 2er-Gruppen und löst die Aufgaben 2 und 3. Ihr habt ab jetzt 20 Minuten Zeit." Achten Sie beim Vortragen der von den Schülern verfassten Dialoge am Ende der Stunde darauf, nach Positionen zu sortieren (Umweltargument vs. Wirtschaftsargument). Notieren Sie die Argumente und fragen Sie ggf. nach, wenn die Argumentationen nicht stringent sind.

### Transfer/Reflexion

Erklären Sie den Schülern zu Beginn der zweiten Stunde, dass sie sich nun mit Prinzipien zur verantwortungsvollen Lösung des anthropogenen Treibhauseffekts beschäftigen werden. Teilen Sie das Arbeitsblatt „Die Frage der Verantwortung" (S. 106) aus: „Bildet erneut 2er-Gruppen und löst die Aufgaben 1–3. Für jede Aufgabe erhaltet ihr zehn Minuten Zeit. Anschließend besprechen wir die Aufgaben, bevor ihr mit der nächsten beginnt. 2er-Gruppen, die schneller sind, können sich bereits mit der Wahlaufgabe (4) befassen." Besprechen Sie die Ergebnisse im Plenum. Weisen Sie am Ende der Stunde nochmals auf die Wahlaufgabe hin.

# Der anthropogene Klimawandel

In der Luft um uns herum befinden sich von Natur aus Treibhausgase. Diese nehmen bestimmte Strahlen auf, die die Luft erwärmen. Auf der Erde wäre es sonst sehr kalt. Doch seit der Mensch zusätzlich Treibhausgase in die Luft ausstößt, die z.B. durch die Verbrennung von Kohle, Öl, Benzin oder Gas, durch Mülldeponien oder Massentier-haltung (Methan) frei werden, werden auch noch mehr der Strahlen aufgenommen, die die Luft erwärmen. Die Folge ist der anthropogene (= von Menschen gemachte) Klimawandel, der u.a. zur Ausbreitung der Wüsten, zu Dürren, Naturkatast-rophen, dem Schmelzen der Polkappen u.a. führt.

1. **Lies den Text und betrachte die Abbildung. Erstelle eine Tabelle, in der du Wirtschafts- und Umweltinteressen in Bezug auf den Treibhauseffekt einander gegenüberstellst.**

2. **Bildet 2er-Gruppen. Ein Schüler spielt einen Vertreter der Wirtschaft, der andere einen Umweltaktivisten. Notiert zunächst Argumente, die eure jeweiligen Positionen in Bezug auf den Treibhauseffekt untermauern.**

3. **Verfasst gemeinsam einen Dialog, der eure beiden Positionen beinhaltet. Tragt ihn anschließend in der Klasse vor.**

# Die Frage der Verantwortung

## ◎ Verteilung der Verantwortlichkeiten

1. **Vorsorgeprinzip:** Es sollte gar nicht erst zu Umweltschäden kommen. Durch entsprechende Gesetze, Verordnungen und Richtlinien müssen diese bereits vorher ausgeschlossen werden. ➡ Verantwortung der Politik

2. **Verursacherprinzip:** Wenn Wirtschaftsunternehmen oder andere Umweltschäden verursachen, z. B. durch Ausstoß von Treibhausgasen, müssen diese für den dadurch entstehenden Schaden finanziell aufkommen ➡ Verantwortung der Verursacher

3. **Gemeinlastprinzip:** Wenn Umweltschäden entstehen, betreffen diese alle und die Gesellschaft soll für diese gemeinsam aufkommen (z. B. über Steuern). ➡ Verantwortung der Allgemeinheit

## ◎ Einfluss des Verbrauchers

Durch den Konsum und die Verwendung bestimmter Produkte steuern die Verbraucher die Entwicklungen im Spannungsfeld zwischen Ökonomie und Ökologie. So wird z. B. auf lange Frist gesehen weniger Vieh gezüchtet, wenn weniger Fleisch gekauft wird (und die Viehhaltung nicht subventioniert wird, wobei die Verbraucher natürlich auch politischen Einfluss haben, z. B. durch Wahlen, Demonstrationen etc.).

Dieser direkte Einfluss wirkt sich auf ihre Verantwortung aus. Wer Verantwortung für einen Missstand trägt, sollte sich dafür einsetzen, diesen abzustellen. Was können Verbraucher gegen den anthropogenen Treibhauseffekt tun?

1. **Der Text stellt drei verschiedene Prinzipien der Umweltethik vor. Lies diese und erkläre deren Vor- und Nachteile in Bezug auf das Problem des anthropogenen Treibhauseffekts.**

2. **Lies den Abschnitt „Einfluss des Verbrauchers". Erkläre, warum sich der direkte Einfluss des Verbrauchers auf die Verantwortung auswirkt.**

3. **Sammle mögliche Antworten auf die abschließende Frage des Texts. Vergleicht eure Ergebnisse in der Klasse.**

4. **Wahlaufgabe: Setze eine Antwort deiner Wahl über einen Zeitraum von einem Monat um. Führe während dieser Zeit Tagebuch über deine Erfahrungen und stelle sie abschließend der Klasse vor.**

# Der Sinn des Lebens

# Glück als Sinn?

„Der Sinn des Lebens" steht gegen Ende der Sekundarstufe I als Thema auf zahlreichen Lehrplänen. Das Thema „Glück und Lebensfreude" taucht oft bereits vorher (z. B. in der 7. Klasse) im Lehrplan auf. Es ist ein Thema, das die Schüler an der Schwelle zum Erwachsenwerden in der Regel brennend interessiert. Eine der typischen Antworten Jugendlicher auf die Frage nach dem Sinn des Lebens ist, „glücklich zu sein". Doch kann Glück den Sinn eines Lebens ausmachen? In dieser Doppelstunde befassen sich die Schüler anhand der Philosophen Aristoteles (384–322) und Epikur (341–271) mit dieser Frage.

### Glückseligkeit bei Aristoteles

Der Begriff der Glückseligkeit (eudaimonía) bei Aristoteles unterscheidet sich grundlegend von unserem heutigen Begriff von „Glück". So definiert Aristoteles diese in der Nikomachischen Ethik als „Tätigsein der Seele gemäß der Vernunft". Natürlich erkennt Aristoteles, dass auch einige Güter existenziell für den Menschen sind, diese jedoch werden als Mittel zum Zweck und nicht – wie die Glückseligkeit – als Zweck an sich und damit als höchstes Ziel angestrebt. Die Glückseligkeit ist bei Aristoteles immer an eine Tätigkeit gebunden; faul in der Sonne zu liegen z. B. hat für Aristoteles nichts mit Glück zu tun.

*Aristoteles*

### Der Glücksbegriff bei Epikur

Epikur wird oft als rein lustgesteuerter Philosoph missverstanden. So erkennt er als Grundprinzip im Menschen die Suche nach Lust und die Vermeidung von Unlust. Schon in kleinen Kindern sind diese schließlich angelegt – und darauf kommt es dem Menschen an.

Doch Glück bedeutet für ihn nicht nur egoistischen Lustgewinn, sondern sein Lustbegriff beinhaltet auch Gerechtigkeit. So schreibt er, dass er sich nicht vorstellen kann, dass jemand lustvoll leben kann, ohne dabei gerecht zu sein.

*Epikur*

### ◎ Klassenstufe

ab Klasse 7

### ◎ Kompetenzerwartungen

1. Die Schüler entdecken, dass es verschiedene Arten von Glück gibt.

2. Die Schüler reflektieren eigene Glücksvorstellungen und deren Bedeutung für das eigene Leben.

3. Die Schüler lernen mit Aristoteles Glück als Ziel an sich kennen und von Zielen, die für andere Ziele erreicht werden, zu unterscheiden.

4. Die Schüler hinterfragen, inwiefern Glück sinngebend ist, welcher Glücksbegriff dabei angelegt wird und wo hierbei die Grenzen liegen.

### ◎ Material

☐ die Folienvorlage „Verschiedene Arten von Glück" (S. 110)   ☐ das Arbeitsblatt „Zwei antike Glücksvorstellungen" (S. 111) im Klassensatz

## ◎ Stundenverlauf

### Einstieg

Legen Sie nach der Begrüßung die Folie „Verschiedene Arten von Glück" (S. 110) auf. Fordern Sie die Schüler dazu auf, das jeweilige Glück, das auf den Bildern abgebildet ist, zu beschreiben (Aufgabe 1). Lassen Sie die Schüler anschließend beschreiben, was Glück für sie persönlich bedeutet (Aufgabe 2).

### Erarbeitung/Sicherung

Teilen Sie das Arbeitsblatt „Zwei antike Glücksvorstellungen" (S. 111) aus. Lesen Sie gemeinsam den Text und bearbeiten Sie mit den Schülern Aufgabe 1 im Plenum. Fordern Sie die Schüler dann auf: „Bearbeitet Aufgabe 2 in Stillarbeit." Geben Sie hierfür den Rest der Stunde Zeit. Besuchen Sie die Schüler während der Erstellung möglichst einzeln, um zu prüfen, ob diese auf dem richtigen Weg sind, und sie ggf. zu unterstützen.

Kontrollieren Sie zu Beginn der zweiten Stunde die Ergebnisse. Dabei bietet sich bei geringem Zeitkontingent eine Vorstellung der Zeichnungen in Form einer Ausstellung an. Hierfür legen die Schüler ihre Bilder in einem Kreis aus, den alle Schüler umrunden, während sie die einzelnen Ergebnisse betrachten können. Nachdem sich die Schüler wieder gesetzt haben, dürfen diese

Feedback zu den einzelnen Ergebnissen geben: „Welche Geschichten haben euch besonders gut gefallen? Begründet." „In welchen Geschichten wurde Aristoteles' Begründung vom Glück als höchstem Ziel besonders deutlich? Begründet." etc.
Wenn Ihnen reichlich Zeit zur Verfügung steht, können Sie die Schüler die Szenen auch in Kleingruppen nachspielen lassen, damit sich diese noch stärker mit der Folge bis hin zum eigentlichen Ziel nach Aristoteles befassen (vgl. Aufgabe 3). Auch bei der Darstellung in Kleingruppen sollte anschließend eine gemeinsame Auswertung mit Feedback erfolgen.

### Transfer/Reflexion

Spätestens 15 Minuten vor Ende der zweiten Stunde (wenn Sie mit zwei Stunden kalkulieren), sollten sich die Schüler in Einzelarbeit Aufgabe 4 zuwenden: „Bearbeitet nun in Stillarbeit Aufgabe 4. Wir besprechen diese nach fünf Minuten. Konzentriert euch also und arbeitet zielorientiert." Diskutieren Sie die Stellungnahmen in den letzten zehn Minuten.

# Verschiedene Arten von Glück

*The Happy Land, Illustration aus den London News (22.3.1873)*

*Angelo Bronzino: Allegorie des glücks (1564)*

*Ilya Repin: What freedom! (1903)*

*Leonardo da Vinvi: Mona Lisa (1503/05)*

1. **Glück kann sich ganz unterschiedlich äußern. Betrachte die Bilder und nenne Adjektive, die das jeweilige Glück beschreiben.**

2. **Beschreibe, was Glück für dich persönlich bedeutet.**

# Zwei antike Glücksvorstellungen

Seit Jahrtausenden streiten die Philosophen über den **Sinn des Lebens**. Einer, den sie dabei oft zitieren, ist der Grieche Aristoteles (384–322). Er beobachtete, dass Menschen Dinge tun, um damit Ziele zu erreichen. Der Sinn des Handelns ist das Erreichen des Ziels. Doch meist werden diese Ziele nur erreicht, um damit wieder neue Ziele zu erreichen. So lernt ein Schüler z. B., um eine gute Note in der Klassenarbeit zu bekommen, um ein gutes Zeugnis zu bekommen, um später eine gute Ausbildungsstelle zu finden, um einen guten Job zu bekommen, um … Alles Ziele, denen andere Ziele folgen. Wenn es ein **höchstes Ziel** gäbe, das am Ende dieser langen Reihe steht, dann müsste das ein Ziel sein, das nicht um eines anderen willen, sondern um seiner selbst willen gewollt wird.

Und dieses Ziel findet Aristoteles in der **Glückseligkeit**. Diese, so befand er, steht am Ende jeder Zielfolge und ist damit das höchste aller Ziele. Glück als Sinn des Lebens? Da bleibt nur noch zu fragen, was Glück denn eigentlich ist? Darunter verstand Aristoteles etwas anderes als wir heute. Glück ist für ihn immer an eine vernünftige Tätigkeit gebunden, relaxen ist also kein Glück. Auch sein Zeitgenosse Epikur (341–271) machte sich Gedanken darüber, was Glück eigentlich ist. Er entdeckte, dass schon kleine Kinder Lust suchen und Unlust vermeiden – und verband Glückseligkeit mit Lust. Doch Lust bedeutet für ihn auch etwas anderes als für uns heute. So konnte er sich nicht vorstellen, dass jemand lustvoll leben kann, ohne dabei gerecht zu sein.

### *Die Zielfolge nach Aristoteles*

1. **Lies den Text und betrachte die Bilder. Interpretiere die Bildergeschichte nach Aristoteles' Modell vom höchsten Ziel.**

2. **Überlege dir eine eigene Bildergeschichte, die nach Aristoteles zur Glückseligkeit als eigentlichem Sinn des Lebens führt. Zeichne sie auf.**

3. **Stellt eure Bildergeschichten als Zeichnungen in der Klasse vor oder spielt sie in Kleingruppen nach.**

4. **„Tatsächlich ist sicher niemand glücklich, um damit ein bestimmtes Ziel zu erreichen. Doch kann Glück der Sinn des Lebens sein? Ist es nicht manchmal sinnvoller, etwas zu tun, dass einen unglücklich macht, z. B. um damit etwas Gutes zu tun?" Nimm Stellung zu diesem Zitat.**

© Verlag an der Ruhr | Autorin: Regine Rompa | ISBN 978-3-8346-2525-0 | www.verlagruhr.de | 30 x 90 Minuten | **Philosophie/Ethik**

# Religionen – Gott als Antwort?

Eines der in allen Bundesländern weit verbreiteten Ethik-Lehrplanthemen ist die Beschäftigung mit den Weltreligionen. Dabei spielen monotheistische Religionen, wie die abrahamitischen Religionen (Judentum, Christentum, Islam), eine zentrale Rolle. In dieser Doppelstunde soll es nicht um die Unterschiede zwischen den dreien gehen, sondern um eine zentrale Gemeinsamkeit: die Funktion, die diese dem monotheistischen Gott geben, in Bezug auf die Antwort auf die Frage nach dem Sinn des Lebens. Die Doppelstunde muss daher nicht unbedingt im Rahmen des Themas „Weltreligionen" gehalten werden, sondern kann auch in Verbindung mit dem „Sinn des Lebens" als Diskussion über einen religiösen Sinnansatz unterrichtet werden.

### Ein Gottesbeweis von Thomas von Aquin

Der „Kausalitätsbeweis" – einer von fünf sogenannten „Wegen zu Gott", die Thomas (1225– 1274) in einem seiner Hauptwerke, der „Summa theologica" ausführt – ist einer der bekanntesten Gottesbeweise überhaupt. In ihm erklärt Thomas, dass jede Handlung eine Ursache haben muss, ohne die diese nicht in Gang gesetzt werden kann. Jede Handlung/Wirkung kann also immer weiter zurückverfolgt werden, bis alles schließlich zu einer ersten Ursache, der Schöpfung, gelangt. Diese erste Ursache, vor der es dann keine weitere geben kann, muss dann Gott sein: der Erstverursacher, der selbst keine Ursache hat.

Thomas von Aquin

## ◎ Klassenstufe

ab Klasse 8/9

## ◎ Kompetenzerwartungen

1. Die Schüler lernen mit Thomas' Ursachenbeweis einen bedeutenden Gottesbeweis monotheistischer Religionen kennen.

2. Die Schüler schließen aus der Annahme von Gott als Ursache auf die Folgen des Glaubens für die Sinngebung.

3. Die Schüler hinterfragen Vor- und Nachteile, Chancen und Einschränkungen einer Sicht, die Gott als Antwort der Suche nach dem Sinn des Lebens sieht.

## ◎ Material

☐ das Arbeitsblatt „Gott als Ursache?" (S. 114) im Klassensatz; Vorbereitung: Einladung einer Religionsklasse in die zweite Stunde: Besprechen Sie mit der Lehrkraft vorab, dass Sie eine Stunde zur Bedeutung der Religion für die Sinngebung des menschlichen Lebens planen. Leitfrage: „Welche Funktion kann der Glaube an Gott für die Sinngebung des Lebens einnehmen?" Geplant ist eine Diskussion. Ideal wäre, wenn sich die Religionsklasse ebenfalls bereits auf das Thema vorbereitet, sodass mehrere mögliche Ansätze/ Überlegungen zur Sprache kommen.

## ◎ Stundenverlauf

### Einstieg

Als Einstieg eignet sich eine Bildmeditation. Teilen Sie dafür das Arbeitsblatt „Gott als Ursache?" (S. 114) aus und fordern Sie die Schüler dazu auf, sich zwei Minuten lang die Abbildung anzusehen: „Wir führen zunächst eine Bildmeditation durch. Vertieft euch zwei Minuten lang ganz in die Abbildung auf dem Arbeitsblatt. Nehmt den Eindruck auf, den der Mensch auf dem Bild auf euch macht." Bearbeiten Sie nach Ablauf der zwei Minuten im Plenum Aufgabe 1.

## Erarbeitung/Sicherung

Lassen Sie einen Schüler den ersten Textabschnitt vorlesen. Bearbeiten Sie dann gemeinsam Aufgabe 2 im Plenum. Die schriftliche Stellungnahme (Aufgabe 2) können die Schüler abschließend zur Diskussion in Einzelarbeit schreiben und dann stichprobenweise vorlesen.

## Transfer/Reflexion

Gehen Sie zu den Aufgaben 3 und 4 über: *„Bearbeitet Aufgabe 3 und 4 in Partnerarbeit. Ihr habt dafür zehn Minuten Zeit."* Besprechen Sie das Ergebnis im Plenum.

Nutzen Sie die letzten zehn Minuten dazu, die Klasse auf den Besuch der Religionsklasse in der zweiten Stunde vorzubereiten: Lassen Sie dafür einen Schüler die Aufgaben 5 und 6 (Hausaufgabe) vorlesen. Erklären Sie dann, dass für Aufgabe 5 in der folgenden Stunde ein Religionskurs zu Besuch kommt. Schreiben Sie die Leitfrage der Diskussion – *„Welche Funktion kann der Glaube an Gott für die Sinngebung des Lebens einnehmen?"* – groß an die Tafel und prüfen Sie zunächst das Textverständnis, z.B. *„Formuliert die Frage in eigenen Worten um."*. Regen Sie die Schüler zum weiteren Nachdenken an, indem diese eigene Fragen, die unter die Leitfrage fallen, formulieren sollen: *„Welche Fragen würdet ihr Gläubigen gern zu dieser Leitfrage stellen?"* Notieren Sie zum Thema passende Fragen ebenfalls an der Tafel und bitten Sie die Schüler, diese dann auch in der Diskussion zu stellen. Weisen Sie vor Ende der Stunde noch darauf hin, dass Sie sich eine lebendige, respektvolle, tolerante Diskussion wünschen, in der unterschiedliche Meinungen Platz haben.

## ◎ Tipps

In der Folgestunde sollte die Diskussion mit der Parallelklasse unbedingt ausgewertet werden. Dazu empfiehlt es sich, dass zunächst mehrere Schüler ihre Hausaufgabe (Erstellen eines Lerntagebuchs, d.h. dass die Schüler im Heft notieren, was sie aus der Diskussion persönlich mitgenommen haben; vgl. Aufgabenstellung) vorlesen. Dabei ist es wichtig, alle Lernergebnisse zu würdigen. Sie können Ergebnisse zwar gemeinsam mit Argumenten hinterfragen, sollten sie jedoch nicht offen werten. Anschließend können die Ergebnisse verglichen, reflektiert und verschiedene Funktionen des Glaubens abschließend an der Tafel in Stichworten festgehalten werden.

Teilen Sie einzelnen Schülern zum Ende der vorangehenden Stunde noch Aufgaben zu, um das Gelingen der Diskussion sicherzustellen. So könnten drei Schüler im Team die Moderation übernehmen und mit Zwischenfragen dafür sorgen, dass eifrig diskutiert wird. Zwei weitere Schüler könnten z.B. die Aufgabe erhalten, dass die Diskussion geordnet abläuft und sich die Teilnehmer aussprechen lassen. In weniger aktiven Klassen lassen sich die Schüler zu solchen Aufgaben sehr gut motivieren, wenn den Schülern, die ihre Aufgabe erfolgreich übernehmen, dafür die Hausaufgabe erlassen wird.

# Gott als Ursache?

Thomas von Aquin (1225–1274) versuchte, die Existenz Gottes mit Mitteln der Logik zu beweisen. Einer seiner Beweise ist der „Kausalitätsbeweis" oder „Beweis von Gott als Ursache":

**Annahme 1:**
In der Welt erkennen wir Ursachen und Wirkungen.

**Annahme 2:**
Es kann nur eine Wirkung geben, wenn es eine Ursache für diese gibt.

**Schlussfolgerung:**
Da die Ursachen und Wirkungen nicht unendlich in die Vergangenheit zurückführen können, muss es eine erste Ursache für alles gegeben haben, die selbst nicht verursacht wurde. Eine solche Ursache, die sich selbst verursacht hat, kann nur Gott sein.

## *Folgen des Glaubens für die Sinngebung*

Wenn ein allmächtiger, allwissender Gott als Ursache geglaubt wird, gibt es jemanden, der objektiv weiß, was der Sinn des Lebens ist. Für den unwissenden Menschen kann der Sinn des Lebens dann nur im „mit Gott sein" bestehen, also darin, Gottes Nähe zu suchen und über diesen als Wissenden mehr über den Sinn herauszufinden und seinen Geboten zu folgen.

1. **Betrachte die Abbildung. Beschreibe, welchen Eindruck der Mensch auf dem Bild auf dich macht und setze das Bild in Bezug zum Thema „Religion".**

2. **Lest den Gottesbeweis von Thomas von Aquin und diskutiert die Argumentation in der Klasse. Nehmt abschließend schriftlich Stellung dazu.**

3. **Lies den Abschnitt „Folgen des Glaubens für die Sinngebung". Nenne Vor- und Nachteile des Glaubens als Sinngebung für das eigene Leben.**

4. **Lies noch einmal deine Stellungnahme aus Aufgabe 2. Überlege, warum diese jemanden, der anders denkt als du, nicht unbedingt überzeugen würde. Begründe daraus, warum Toleranz in Glaubensangelegenheiten besonders wichtig ist.**

5. **Ladet eine Religionsklasse eurer Schule dazu ein, für eine Stunde zu euch in den Unterricht zu kommen. Diskutiert gemeinsam die Frage „Welche Funktion kann der Glaube an Gott für die Sinngebung des Lebens einnehmen?" Schreibt wichtige Antworten ins Heft mit.**

6. **Evaluiere den Besuch der Religionsklasse schriftlich in einem Lerntagebuch: Erkläre dafür in mindestens zehn Sätzen, was du daraus gelernt hast. Tipp: Denke genau darüber nach. Du kannst auch Kleinigkeiten notieren.**

# Moral und Pflicht?

Mit Pflichtbewusstsein verbinden die Schüler auf Anhieb meist die Erledigung eher unangenehmer Tätigkeiten (z. B. Hausaufgaben, Hausarbeit etc.). Der Pflichtbegriff ist in heutiger Zeit in der Regel kein besonders beliebter. Eher wird betont, dass Handlungen aus Vernunft und eigenständig oder intrinsisch motiviert sein sollten. Ein Ansatz wie der kantische, bei dem es darum geht, rein aus Pflichtgefühl heraus zu handeln, kann daher für gute Diskussionen in der Klasse sorgen. In dieser Doppelstunde lernen die Schüler einige zentrale Grundzüge von Moral und Pflicht bei Immanuel Kant (1724–1804) kennen.

*Immanuel Kant*

### Definition des Guten bei Kant

*„Es ist überall nichts in der Welt, ja überhaupt auch außer derselben zu denken möglich, was ohne Einschränkung für gut könnte gehalten werden, als allein ein guter Wille"*
(Anfang der „Grundlegung der Metaphysik der Sitten")
Nicht die Folgen einer Handlung, sondern der Wille, der diese verursacht, ist also nach Kant das Kriterium, das entscheidet, ob etwas moralisch gut ist. Ziel Kants war es, mit den Methoden der Logik eine allgemeingültige Formel zu finden, anhand derer man mathematisch genau ablesen könnte, was moralisch gut ist. Eine wichtige Rolle spielte dabei der Begriff der Pflicht.

### Definition der Pflicht bei Kant

*„Pflicht ist die Notwendigkeit einer Handlung aus Achtung fürs Gesetz"*
(Grundlegung der Metaphysik der Sitten).
Für Kant ist es dabei nicht nur wesentlich, dass pflichtgemäß gehandelt wird, sondern auch, dass die Motivation zur Handlung aus Pflicht geschieht, nicht z. B. aus Neigung, Begeisterung oder Interesse. Nur dann habe sie einen moralischen Wert. Das „Gesetz" meint das Gesetz der Moral, das die Vernunft vorschreibt, kein politisches Gesetz.

### ◎ Klassenstufe

ab Klasse 10/11

### ◎ Kompetenzerwartungen

1. Die Schüler lernen die Begriffe von Pflicht und Moral bei Kant in Kontexten kennen und verstehen.

2. Die Schüler vergleichen diese mit unserem heutigen Verständnis.

### ◎ Material

☐ das Arbeitsblatt „Immanuel Kant: Moral oder Pflicht?" (S. 117) im Klassensatz

## ◎ Stundenverlauf

### Einstieg

Zum Einstieg eignet sich die Diskussion über ein Fallbeispiel. Schildern Sie dieses den Schülern z.B. wie folgt: „*Eines Nachmittags klingelt ein verzweifelter Freund oder eine Freundin bei dir an der Tür. ‚Ich muss mich schnell bei dir verstecken!', ruft er oder sie und läuft in die Küche. Kurz darauf klingelt es erneut an der Tür. Ein gesuchter Mörder steht dort. Er hält eine Axt in der Hand. ‚Ich suche deinen Freund/deine Freundin', sagt der Mörder. Du weißt, dass man nicht lügen soll, aber du weißt auch, dass man seinen Freunden helfen soll. Wie verhältst du dich ethisch korrekt?*" Lassen Sie mehrere Meldungen zu. In der Regel werden diese eindeutig so ausfallen, dass bei einer Abwägung zwischen einerseits „lügen" und andererseits „den Freund/die Freundin an einen Mörder verraten" zugunsten der Lüge entschieden wird.

Fragen Sie, woran die Schüler diese Abwägung festmachen, und lassen Sie auch hier mehrere Antworten zu.

### Erarbeitung/Sicherung

Teilen Sie das Arbeitsblatt „Immanuel Kant: Moral oder Pflicht?" (S. 117) aus. Erklären Sie, dass auch der Philosoph Immanuel Kant darüber nachgedacht hat, wie sich festmachen lässt, wie man eine moralisch korrekte Entscheidung trifft. Er habe dafür eine Maxime entwickelt, mit der man jede Handlung darauf prüfen kann, ob diese moralisch korrekt ist. Diese erarbeiten die Schüler in der Doppelstunde: „*Bildet zunächst 2er-Gruppen und erarbeitet die Aufgaben 1 und 2. Ihr habt dafür zehn Minuten Zeit.*" Besprechen Sie die Ergebnisse anschließend im Plenum.

Erarbeiten Sie daraufhin den Text „Das Gute" gemeinsam im Plenum bis zum Ende der Stunde. Hinweis: Der Textabschnitt „Das Gute" ist nicht einfach. Erarbeiten Sie diesen langsam mit den Schülern. Es empfiehlt sich, satzweise vorzugehen und die Bedeutung jedes Satzes einzeln zu besprechen. Fordern Sie die Schüler auf, die Erklärungen mitzuschreiben.

### Transfer/Reflexion

Fordern Sie die Schüler zu Beginn der zweiten Stunde auf: „*Bildet Kleingruppen und erarbeitet Aufgabe 3. Ihr habt dafür insgesamt 20 Minuten Zeit. Wer Fragen hat, bitte einfach melden. Ich komme dann zu euch und helfe euch weiter.*"
Es empfiehlt sich, dass Sie, wenn möglich, jede Kleingruppe kurz besuchen, um im persönlichen Gespräch Missverständnisse ausräumen zu können. Besprechen Sie nach Ablauf der 20 Minuten die Ergebnisse im Plenum. Dabei sollten möglichst alle Gruppen ihre Ergebnisse vortragen. Achten Sie vor allem darauf, dass der Kant-Spieler den kategorischen Imperativ jeweils korrekt angewendet hat. Geben Sie den Schülern anschließend den Arbeitsauftrag, Aufgabe 4 in Einzelarbeit zu erarbeiten. Geben Sie dafür zehn Minuten Zeit. Besprechen Sie vor Ende der Stunde die Ergebnisse.

## ◎ Tipp

In diesem 5-Minuten-Video wird der kategorische Imperativ den Schülern relativ einfach erklärt: www.youtube.com/watch?v=Z8b4sCTrzkE

# Immanuel Kant: Moral oder Pflicht?

## ◎ Pflichtgemäß oder aus Pflicht?

Für den Philosophen Immanuel Kant (1724–1804) spielt die Pflicht eine große Rolle. Dabei unterscheidet er danach, ob eine Handlung pflichtgemäß (= wird ausgeführt, um damit ein Ziel zu erreichen) oder aus Pflicht (= wird nur aus Pflicht ausgeführt, ohne eigene Absicht, eigenes Ziel oder eigenen Zweck) getan wird.

„Heute Nachmittag kann ich nicht. Ich muss noch meine Hausaufgaben machen, denn ich will am Montag eine gute Note im Test bekommen."

„Gestern habe ich ein Kind aus dem See gerettet. Ich hatte meine besten Sachen an, aber man muss helfen, wenn andere in Not sind."

„Morgen führe ich wieder den Hund im Tierheim aus. Er hat mir das letzte Mal so leid getan, weil er so traurig geschaut hat, als ich gegangen bin.

„Ich habe dem Mörder gesagt, wo er meine beste Freundin findet. Es ist ja meine Pflicht, nicht zu lügen."

## ◎ Das Gute

„Es ist überall nichts in der Welt, ja überhaupt auch außer derselben zu denken möglich, was ohne Einschränkung für gut könnte gehalten werden, als allein ein guter Wille." (Grundlegung der Metaphysik der Sitten).

Für Kant sind nicht die Folgen einer Handlung, sondern die Motivation, aus der diese ausgeübt wird, das Kriterium, das darüber entscheidet, was moralisch gut ist. Moralisch gut ist es laut Kant, wenn eine Handlung aus Pflicht (nicht nur pflichtgemäß!) ausgeübt wird. Nur so kann sichergestellt werden, dass nicht nur aus Spaß oder egoistischen Interessen gehandelt wird, sondern deshalb, weil diese Handlung vernünftig und moralisch ist – selbst dann, wenn die Handlung für den Handelnden unangenehm sein sollte.

Kants Ziel war es, eine feste Formel zu finden, anhand derer man in jeder Situation ablesen kann, was moralisch gut ist. Wenn diese dann aus Pflicht auch so umgesetzt wird, handeln wir immer gut. Diese Formel nannte er den **kategorischen Imperativ**. Er lautet so:

„Handle so, dass die Maxime deines Willens jederzeit zugleich als Prinzip einer allgemeinen Gesetzgebung gelten könne." (Kritik der praktischen Vernunft; § 7)

1. **Lies den Abschnitt „Pflichtgemäß oder aus Pflicht?" Erkläre den Unterschied zwischen „pflichtgemäß" und „aus Pflicht" in eigenen Worten.**

2. **Ordne die Beispiele entweder „pflichtgemäß" oder „aus Pflicht" zu. Begründe deine Auswahl.**

3. **Bildet Kleingruppen. Lest den Abschnitt „Das Gute". Lost für jede Gruppe einen Schüler aus, der Kant spielen wird. Alle Kant-Spieler verlassen fünf Minuten lang den Raum und erklären sich den kategorischen Imperativ noch einmal in eigenen Worten.**
   **Die restliche Gruppe inszeniert im Rollenspiel eine ethisch relevante Entscheidungssituation. Nach Ablauf der fünf Minuten kommen die Kant-Spieler zurück in die Gruppe. Spielt ihnen eure Situation vor. Die Kant-Spieler wenden den kategorischen Imperativ darauf an und schließen, was moralisch richtig wäre.**

4. **Nimm Stellung zu Kants Pflichtbegriff.**

# Zur Freiheit verurteilt

Die Frage nach dem Sinn des Lebens treibt Schüler an der Schwelle zum Erwachsenwerden um. Jean-Paul Sartre (1905–1980) ist hierbei ein beliebter „Anstoßgeber" im Hinblick darauf, dass Sinn nicht objektiv vorgegeben ist, sondern subjektiv gesetzt werden darf. In dieser Doppelstunde reflektieren die Schüler auf dieser Grundlage eigene Vorstellungen zur Sinngebung in ihrem Leben.

### Jean-Paul Sartre und die Geschichte aus der Hölle

Im Rahmen der Doppelstunde wird Sartre lediglich gestreift, um den Schülern die Bedeutung der subjektiven Sinnsetzung als notwendige Freiheit zu erläutern. Wenn Sie mit der Klasse tiefer in dessen Philosophie einsteigen möchten, empfiehlt es sich, das Drama „Geschlossene Gesellschaft" zu lesen (auch ein Referat über das Buch wäre möglich). Vor dem Hintergrund der Geschichte lässt sich die Funktion „der anderen" und die Abhängigkeit von diesen als „Erblickern", die das eigene Ich als Objekt fassen (was man selbst nicht kann), erläutern. Um sich selbst als Objekt zu erkennen, bedarf es daher des anderen.

*Jean-Paul Sartre*

## Klassenstufe

ab Klasse 9

## Kompetenzerwartungen

1. Die Schüler vollziehen Sartres Argumentation nach, dass es keinen objektiv gegebenen Sinn des Lebens gibt, sondern es zur Freiheit des Menschen gehört, sich diesen Sinn selbst immer wieder neu zu setzen.

2. Die Schüler reflektieren, welche Sinnangebote sich für sie selbst eignen.

3. Die Schüler beraten einander gegenseitig in einem Coaching zum Sinn des Lebens und seiner Umsetzung.

## Material

☐ die Arbeitsblätter „Sartre und der Sinn des Lebens" (S. 120/121) im Klassensatz

## Stundenverlauf

### Einstieg

Erstellen Sie an der Tafel eine Mindmap zum Thema „Sinn des Lebens". Lassen Sie die Schüler dabei der Reihe nach zur Tafel gehen und nach Belieben Äste hinzufügen. Ziel ist es, ein erstes Gefühl für die Vielfalt an Sinnangeboten zu bekommen (und dafür, dass uns kein Sinn zwangsläufig objektiv vorgegeben wird).

### Erarbeitung/Sicherung

Teilen Sie die beiden Arbeitsblätter „Sartre und der Sinn des Lebens" (S. 120/121) aus. Fordern Sie die Schüler anschließend auf: „*Erarbeitet Aufgabe 1 in Stillarbeit. Ihr habt dafür zehn Minuten Zeit.*" Besprechen Sie die Ergebnisse im Plenum.

## Transfer/Reflexion

Bitten Sie die Schüler dann, 2er-Gruppen zu bilden und für den Rest der Stunde ein eigenständiges Coaching durchzuführen. (Aufgabe 2). Erläutern Sie dazu: „Bildet 2er-Gruppen. In dieser Stunde führt ihr miteinander ein Coaching, das ist eine Beratung, durch. Thema ist der Sinn eures Lebens. Dazu spielt ein Schüler jeweils den Coach (= Berater) und der andere den Coachee (= Beratenen). Der Berater versucht, durch Fragen an den Beratenen herauszufinden, was dieser als sinngebend in seinem Leben sieht. Er berät ihn dann, wie er das Schritt für Schritt erreichen kann. Achtung: Der Berater muss sich dafür in den Beratenen hineinversetzen, also nicht nur sagen, was er selbst tun würde, sondern sich überlegen, was für den Beratenen am sinnvollsten wäre. Der Beratene schreibt die Ratschläge, Tipps und alles, was er herausfinden kann, mit. Nach der Hälfte der Zeit gebe ich euch Bescheid, damit ihr die Rollen tauschen könnt. In der nächsten Stunde besprechen wir, ob euch das Coaching etwas gebracht hat und wenn ja, was genau. Lest, bevor ihr loslegt, noch Aufgabe 2 und bezieht die Fragen in euer Coaching mit ein. Viel Spaß!"* Achten Sie darauf, dass die Gruppen nach der Hälfte der Zeit die Rollen tauschen.

## Erarbeitung/Sicherung

Beginnen Sie die zweite Stunde mit der Evaluation des Coachings. Erarbeiten Sie anschließend gemeinsam die Aufgaben 3 und 4 (Transfer/Reflexion) im Plenum. Der Text ist nicht ganz einfach, weshalb sich die Bearbeitung im Plenum ausdrücklich empfiehlt. Besprechen Sie die Ergebnisse genau.

## ◎ Tipp

Sie können auch mit einer Diskussion über den Trailer des Films „Der Sinn des Lebens" von Monty Python einsteigen: www.youtube.com/watch?v= SP3g452CO2Y (2 Minuten). Fragen Sie die Schüler, worin für die Angestellten wohl der Sinn des Lebens besteht und was sie von dieser Einstellung halten.

# Sartre und der Sinn des Lebens (1/2)

## ◎ Checkliste der Sinngebung

⊙ Freundschaft: ...........................................................................

.....................................................................................................

.....................................................................................................

⊙ Familie: ....................................................................................

.....................................................................................................

.....................................................................................................

⊙ Liebe: .......................................................................................

.....................................................................................................

⊙ Erfolg: ......................................................................................

.....................................................................................................

⊙ Reichtum: .................................................................................

.....................................................................................................

⊙ glücklich sein: .........................................................................

.....................................................................................................

⊙ die Welt besser machen: ........................................................

.....................................................................................................

⊙ Selbstverwirklichung: .............................................................

.....................................................................................................

⊙ ............................................... : ...........................................

.....................................................................................................

⊙ ............................................... : ...........................................

.....................................................................................................

# Sartre und der Sinn des Lebens (2/2)

Der Mensch ist immer das, wozu er sich macht. Während die Dinge, die „An sich" sind (alles ohne Bewusstsein), einfach das sind, was sie sind, ist der Mensch „Für sich", also durch sein Bewusstsein bestimmt. Damit bleibt er notwendig immer frei, sich wieder neu zu entwerfen. Ihm bleibt gar nichts anderes übrig. Er ist insofern **„zur Freiheit verurteilt"**. So legt es der Philosoph Jean-Paul Sartre (1905–1980) dar. Die Freiheit des Menschen, selbst nicht festgelegt zu sein, sondern sich immer wieder neu entwerfen zu müssen, geht analog mit dem Sinn des Lebens. Der Mensch kann nämlich nur auf diese Weise frei sein, weil ihm der Sinn des Lebens nicht objektiv vorgegeben wurde, sondern dieser offen bleibt, und der Mensch ihn sich deshalb selbst zuschreiben muss.

1. Lies die Checkliste mit Angeboten zur Sinngebung. Kreuze an, was deinem Leben Sinn gibt und gib Beispiele an, was du darunter jeweils konkret verstehst. Ergänze ggf. weitere Punkte. Begründe deine Auswahl.

2. Bildet 2er-Gruppen. Führt ein Lebenssinn-Coaching durch. Dabei spielt jeder abwechselnd den Coach (Berater) seines Partners. Erarbeitet dabei durch gemeinsame Überlegungen schriftlich Antworten auf folgende Fragen:

   a) Was ist mir in meinem Leben wichtig?

   b) Wie müsste mein Leben gewesen sein, damit ich es am Ende als sinnvolles Leben ansehen würde?

   c) Wie kann ich das erreichen, was mir wichtig ist (Anleitung)?

   d) Was möchte ich innerhalb des nächsten Jahres erreichen und wie werde ich das schaffen.

3. Lies den Text. Erkläre die Bedeutung in eigenen Worten.

4. Analysiere die Abbildung in Bezug auf Sartres Sichtweise vom Sinn des Lebens.

# Lösungen

## Gewissenskonflikt zwischen Engelchen und Teufelchen (S. 14)

1. Die Aufgabe ist offen. Ein Beispiel: Teufelchen: „Du bist doch so müde. Schwänze die letzte Stunde und behaupte, dass du zum Arzt musst." Engelchen: „Du musst in die letzte Stunde gehen. Du kannst doch nicht einfach so lügen und außerdem verpasst du sonst viel."

## Ethik-Wissen (S. 15)

| B | E | G | R | Ü | N | D | U | N | G | E | N |
|---|---|---|---|---|---|---|---|---|---|---|---|
| A | B | C | D | E | F | G | H | I | J | K | L |
| H | E | D | V | C | X | A | **A** | M | **V** | N | M |
| **A** | A | **M** | **O** | **R** | **A** | **L** | R | Q | **E** | **G** | I |
| **N** | M | O | I | M | D | V | **G** | X | **R** | **U** | B |
| **D** | R | S | K | A | F | E | **U** | D | **N** | **T** | W |
| **E** | U | T | L | U | I | G | **M** | W | **U** | I | E |
| **L** | T | K | M | S | L | E | **E** | H | **N** | K | R |
| **N** | I | L | E | E | S | T | **N** | T | **F** | A | L |
| **S** | **C** | **H** | **L** | **E** | **C** | **H** | **T** | I | **T** | W | U |
| C | H | E | P | N | C | A | I | L | C | E | M |
| H | I | N | E | I | I | M | C | D | V | N | B |

2. Hier gibt es mehrere Möglichkeiten, z.B.:
**Begründungen:** Sie sind wichtig für die Ethik, weil aus ihnen hervorgeht, warum etwas z.B. auf eine bestimmte Weise entschieden wurde, z.B. warum es gut ist, anderen Lebewesen zu helfen.
**Handeln:** Handeln ist für die Ethik wichtig, weil unsere Handlungen das sind, was in der Welt Spuren hinterlässt, sie also zum Guten oder Schlechten verändert.
**Moral:** Moral ist für die Ethik wichtig, weil es in ihr unter anderem darum geht, was gut und schlecht ist, also, was moralisch richtig oder falsch ist.

**Argument:** Argumente sind für die Ethik wichtig, weil sie die Grundlage für Bewertungen für das Gute bzw. Schlechte sind.
**Vernunft:** Vernunft ist für die Ethik wichtig, weil sie das Instrument ist, mit dem begründet und argumentiert wird.
**Gut:** Das Gute ist ein Gegenstand der Ethik.
**Schlecht:** Das Schlechte ist ein Gegenstand der Ethik (im Zweifelsfall zumindest als Mangel an Gutem).

3. Die Antwort ist offen. Drei Beispiele:
   ⊙ Ist es meine Pflicht, meiner Oma beim Einkaufen zu helfen?
   ⊙ Darf ich meine Freundin anlügen, wenn ich jemandem versprochen habe, etwas nicht zu verraten und sie danach fragt?
   ⊙ Sollte ich einem schlechteren Schüler bei einer Klassenarbeit helfen, indem ich ihn abschreiben lasse?

## Syllogistik – die Lehre der logischen Argumente (S. 17)

1. **Barbara:** Alle Menschen sind Säugetiere. Alle Schüler sind Menschen. Deshalb sind alle Schüler Säugetiere.
   **Cesare:** Kein Mensch ist ein Säugetier. Alle Schüler sind Säugetiere. Darum ist kein Schüler ein Mensch.
   **Bocardo:** Einige Menschen sind nicht Säugetiere. Alle Menschen sind Schüler. Darum sind einige Schüler nicht Säugetiere.
   **Calemes:** Alle Menschen sind Säugetiere. Kein Säugetier ist ein Schüler. Darum ist kein Schüler ein Mensch.

2. und 3. Die Aussage trifft zu, denn die Schlussfolgerung aus den Prämissen ist bei diesen vier Figuren bei richtiger Anwendung immer korrekt, da sie sich rein logisch ergibt, so wie 1 + 1 = 2 ist. Wenn die Schlussfolgerung dennoch nicht stimmt, liegt das daran, dass entweder die obigen Figuren nicht richtig verwendet wurden oder mindestens eine der Prämissen

falsch ist. Wenn die Prämissen wahr sind und die Figuren richtig angewendet wurden, ist die Schlussfolgerung immer notwendig wahr.

4. Prämisse 1: Alle Athener sind Lügner.
Prämisse 2: Epimenides ist ein Athener.
Schlussfolgerung: Epimenides ist ein Lügner.

5. Das Paradox besteht darin, dass Epimenides laut Schlussfolgerung ein Lügner ist. Daher wird er auch lügen, wenn er die Aussage macht, dass alle Athener, also auch er, Lügner sind. Wenn aber gelogen ist, dass er ein Lügner ist, müsste er die Wahrheit sagen. Sagt er aber die Wahrheit, müsste die Aussage, dass er ein Lügner ist, stimmen und er müsste wiederum lügen.

## Zwei Prämissen – eine Schlussfolgerung (S. 18)

1. **A:** Herr Max trägt einen Bart. ➡ Barbara
   **B:** Keiner, der Eier legt, ist ein Affe. = Kein Affe legt Eier. ➡ Calemes
   **C:** Keine Lisa ist ein Mensch. = Lisa ist kein Mensch. ➡ Cesare
   **D:** Einige, die froh sind, sind keine Mathe-Asse. ➡ Bocardo

2. **Prämisse 1:** Alle X sind Dings.
   **Prämisse 2:** Alle Gams sind X.
   **Schlussfolgerung:** Alle Gams sind Dings.
   **Hinweis:** X kann beliebig ausgetauscht werden. (Barbara)

3. **E:** Hier werden in den Prämissen zwei verschiedene „Untergruppen" von Säugetieren genannt. Daraus folgt nicht, dass sie dasselbe sind.
   **F:** Hier wird keine Figur angewendet. Außerdem besteht ein Fehler in der doppelten Bedeutung des Wortes Schimmel.
   **G:** Aus der Strafmündigkeit kann nicht auf die tatsächliche Strafe geschlossen werden. Richtig wäre die Schlussfolgerung: Lisa ist strafmündig.
   **H:** Hier wird die Figur Bocardo falsch angewendet. Korrekt müsste die Schluss-

folgerung lauten: Einige Vögel sind nicht weiß.

4. Die Syllogistik ist ein wichtiges Werkzeug der Philosophie, weil damit Schlussfolgerungen darauf geprüft werden können, ob sie tatsächlich gültig sind. So lassen sich fehlerhafte Schlussfolgerungen entlarven und gültige aufstellen. Allerdings müssen die Prämissen wahr sein, damit eine Schlussfolgerung bei richtiger Figurenanwendung auch wahr ist.

## Morpheus trifft Platon (S. 22)

2. Gemeinsamkeit in den Aussagen von Platon und Morpheus:
   Unsere Sinne (fühlen, riechen, schmecken, sehen etc.) können uns über das, was real ist, täuschen.

3. Die Antwort ist offen. Es können z. B. optische Täuschungen genannt werden oder Träume, in denen die Sinne vorgespielt haben, dass man wach und in der realen Welt ist. Es können aber auch einfachere Beispiele genannt werden, z. B. dass ein Gericht, das besonders lecker aussieht, viel besser schmeckt, als wenn man es mit verbundenen Augen isst.

4. Der Franzose genießt einen guten Wein ➡ 2. Stufe, Für-wahr-Halten
   Der Franzose sagt, er handle mit Informationen und wisse so viel er könne. ➡ 3. Stufe, durch vernünftiges Nachdenken
   Der kleine Junge kann den Löffel verbiegen, ohne ihn zu berühren. ➡ 4. Stufe, Einsehen
   Morpheus lässt Neo zwischen der roten und der blauen Kapsel wählen. ➡ 3. Stufe, vernünftiges Nachdenken

5. Wahlaufgabe: Zwei Beispiele für Erkenntnisse, die man ohne sinnliche Wahrnehmung gewinnen kann: mathematische Erkenntnisse, z. B. ist 1 + 1 immer 2, oder aussagenlogische Erkenntnisse, z. B. in der Syllogistik

# Lösungen

## Das Höhlengleichnis nach Platon (S. 23)

1. Für die Gefangenen in der Höhle besteht die Welt aus Schatten. Die Schatten sind ihre Wirklichkeit. Da sie die Gegenstände, die die Schatten werfen, nie sehen, müssen sie die Schatten für die eigentlichen Gegenstände halten.

2. **1. Stufe:** Die Gefangenen in der Höhle halten die Schatten für die reale Welt. ➡ Sie sehen nur ein Abbild und vermuten, dass dieses real ist.
   **2. Stufe:** Ein Gefangener wird befreit und umgedreht. Er will zurück zu den anderen ins Dunkel. ➡ Der Gefangene glaubt, obwohl er jetzt auch andere Gegenstände sieht, dass seine bisherige Welt real gewesen sein muss (Für-wahr-Halten).
   **3. Stufe:** Ein Gefangener wird aus der Höhle herausgeführt und erkennt durch logische Schlussfolgerung, dass die Schatten nur Abbilder der Dinge um ihn herum sind, die von der Sonne geworfen werden. ➡ Er gelangt allein durch Verwendung seiner Vernunft zu einer Erkenntnis.
   **4. Stufe:** Der Gefangene geht zurück in die Höhle, um den anderen Gefangenen davon zu berichten. ➡ Der Gefangene hat die Wahrheit eingesehen und sieht seine Rolle jetzt darin, diese Erkenntnis mit den anderen zu teilen.

3. Der Gefangene aus der Höhle weiß, dass er nicht erneut getäuscht wird, weil seine Erkenntnis diesmal nicht allein durch die sinnliche Wahrnehmung gesteuert wird, sondern er durch Anwendung seiner Vernunft darauf kommt. Die Sinne können täuschen, die Vernunft aber bei richtiger Anwendung nicht.

4. Parallelen zwischen Höhlengleichnis und Matrix:
   - ◉ Die Menschen in der Matrix sind wie die Gefangenen im Höhlengleichnis in einer Situation gefangen, in der sie die reale Welt nicht erkennen können.
   - ◉ Neo wird wie der Gefangene befreit.
   - ◉ Neo glaubt wie der befreite Gefangene zunächst nicht, dass er zuvor über die Realität getäuscht worden ist.
   - ◉ Neo erkennt durch Anwendung seiner Vernunft die Wahrheit.
   - ◉ Neo will auch die anderen Menschen aus ihrer Gefangenschaft befreien.
   - ◉ Die sinnliche Wahrnehmung kann uns darüber täuschen, was real ist.
   - ◉ Die Wahrheit erkennen wir anhand der Vernunft.

5. Die rote Kapsel steht für eine Entscheidung für die reale Welt. Auf unser Leben angewendet, lässt sich eine Entscheidung für diese Kapsel so interpretieren, dass wir eigenständig denken und anhand unserer Vernunft prüfen, was wahr ist. Wir suchen nach der Weisheit, sind Philosophen (Liebhaber der Weisheit).
   Die blaue Kapsel steht für eine Entscheidung für die Scheinwelt. Auf unser Leben angewendet, lässt sich eine Entscheidung für diese Kapsel so interpretieren, dass wir den Aussagen und Meinungen unserer Umgebung folgen, ohne diese zu prüfen. Wir denken nicht eigenständig, sondern leben in einer reinen Gefühls- und Sinneswelt.
   Die Entscheidung kann Folgen auch auf gesellschaftlicher Ebene haben: „Mitläufergesellschaften" neigen zu Diktaturen, während eigenständig denkende Individuen Mitbestimmung in Demokratien einfordern. Aber auch auf individueller Ebene hat die Entscheidung Folgen, z. B. ob wir Verantwortung für unser Handeln übernehmen, was nicht geht, ohne die Folgen dieser Handlungen eigenständig und ggf. frei von den gesellschaftlichen Konventionen zu durchdenken.

## Täuschungen der Wahrnehmung (S. 26)

1. Die Füllwörter lauten in richtiger Reihenfolge: Täuschung, Farbreize, Gehirn, Gegenstände, weiter, kleiner, nahe liegende, Augen, Hören, Zugänge, Philosophie, Wirklichkeit, unterscheiden, real, eine, zu erkennen

2. Die Perspektiventäuschung kommt durch die Distanz zustande. Gegenstände, die weit entfernt sind, erscheinen uns kleiner. Die Person im Vordergrund wirkt daher viel größer als das kleine Haus zwischen Daumen und Zeigefinger.

3. Aus der Perspektive des Fotografen ist es die Wirklichkeit, dass die Hand größer ist als das Haus, denn das ist es, was er wirklich mit seinen Sinnen wahrnimmt. Real ist das dennoch nicht. Durch vernünftiges Nachdenken wissen wir, dass das Haus wesentlich größer sein muss als die Hand und die optische Täuschung nur an der Perspektive liegt. Wir wissen also, dass die Realität eine andere ist. Es gibt nur eine Realität, aber es kann mehrere Wirklichkeiten geben, z. B. könnte zeitgleich jemand vor dem abgebildeten Haus stehen und auf die Person mit der Hand heruntersehen und würde diese dann als winzig klein sehen. Auch das wäre eine Wirklichkeit, nicht jedoch die Realität, denn durch Nachdenken erkennen wir, dass auch das eine Perspektiventäuschung sein muss.

5. z. B. mit einem Lineal nachmessen, nachdenken oder ggf. nachrechnen. Diese Methoden können nicht ebenso täuschen, weil sie von der Sinneswahrnehmung unabhängig sind.

## Das Dreieck der Verantwortung (S. 29)

1. Verantwortung ist eine mindestens dreistellige Relation, weil zur Übernahme von Verantwortung mindestens drei Figuren notwendig sind, die in Bezug zueinander gesetzt werden: 1. der Verantwortliche, 2. das, wofür er verantwortlich ist, und 3. vor wem er dafür verantwortlich ist. Nur wenn diese dreistellige Relation vorliegt, kann Verantwortung bestehen. Weiteres Beispiel z. B.: Anna hat ihrer Mutter versprochen, auf ihre kleine Schwester aufzupassen, während die Mutter einkaufen geht. Anna (1.) ist damit die Verantwortliche für (2.) die kleine Schwester vor (3.) der Mutter.

## Pflanze und Mensch – ein Team? (S. 30)

1. Der Mensch ist dem Text nach für die Umwelt verantwortlich, weil …
   a) die Pflanzen von ihm insofern abhängig sind, als er ihre Lebensgrundlage durch den vom Menschen verursachten Klimawandel verändert.
   b) er von den Pflanzen z. B. als Nahrungsquelle abhängig ist.
   c) zukünftige Generationen ebenfalls von den Pflanzen abhängig sind.

2. 

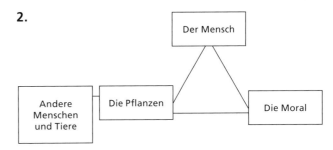

Eine Verantwortung des Menschen gegenüber den Pflanzen resultiert moralisch daraus, dass der Mensch dem Text nach sowohl der Verursacher des Problems „Klimawandel" ist als auch den Einfluss und die Freiheit hat, dieses Problem zu lösen.

## Descartes: Über das, was in Zweifel gezogen werden kann (S. 34)

1. Beispiel einer Einteilung:

   **Grund für den radikalen Zweifel, Z. 1 – 6**
   **Die Sinne können uns täuschen, Z. 6 – 24**
   **Umsetzung des radikalen Zweifels als**
   **Annahme der absoluten Täuschung, Z. 25 – 40**

# Lösungen

2. „dass der Himmel, die Luft, die Erde, die Farben, die Gestalten, die Töne und alles Äußerliche (so im Text S. 34) nur das Spiel von Träumen ist, wodurch er (Anm. er = ein boshafter, mächtiger Geist) meiner Leichtgläubigkeit Fallen stellt; ich werde von mir selbst annehmen, dass ich keine Hände habe, keine Augen, kein Fleisch, kein Blut, keine Sinne, sondern dass ich mir nur den Besitz derselben fälschlich einbilde"
Descartes zweifelt an diesen Dingen, weil er nicht sicher weiß, dass diese real sind. Er will durch diesen Zweifel Beweise suchen, aus denen er sicher darauf schließen kann, ob diese Dinge real sind. Er will es wissen, nicht nur glauben (Für-wahr-halten).

3. Die Antwort ist offen. Laut des gerade gelesenen Textes kann man es zunächst nicht wissen. Ziel der Aufgabe ist es, die Schüler zu eigenen Gedankengängen hierüber anzuregen. Descartes selbst löst diese Frage später dadurch, dass er im radikalen Zweifel verharrend feststellt, dass – selbst wenn alles andere unwahr ist – doch wahr sein muss, dass er denkt, denn das tut er ja gerade. Weil er denkt, muss er sein, denn es muss schließlich etwas geben, das denkt, wenn Gedanken da sind. Mehr dazu auf dem folgenden Arbeitsblatt.

## Descartes: Über die Prinzipien der menschlichen Erkenntnis (S. 35)

1. Im Zustand des radikalen Zweifels können wir leicht annehmen, dass es keinen Gott, keinen Himmel, keinen Körper gibt; dass wir keine Hände, Füße und keinen Körper haben; trotzdem nehmen wir etwas an, nämlich, dass das nicht so ist. Diese Gedanken sind also da und existieren. Wo Gedanken sind, muss jemand sein, der denkt. Weil ich es bin, der denkt, muss ich existieren, denn sonst könnten keine Gedanken da sein. Ich weiß aber unzweifelhaft, dass diese da sind, weil ich sie denke. Ich denke, also bin ich, ist also die erste und gewisseste Erkenntnis.

2. Descartes kann über sein Denken nicht von einem bösen Geist getäuscht worden sein, weil das Denken nicht den möglicherweise täuschenden Sinnen unterliegt. Dass die eigenen Gedanken da sind, weiß der, der denkt, ja unmittelbar, ohne es erst in der Außenwelt wahrzunehmen. Daran besteht daher kein Zweifel.

3. Das Bild zeigt einen Blick aus dem linken Auge eines Betrachters. Man sieht unmittelbar durch dieses linke Auge in ein Zimmer. Dadurch dass die Welt nur mit dem linken Auge wahrgenommen wird, sieht sie anders aus, als wenn sie mit beiden Augen oder vielleicht den Augen einer Person auf der anderen Seite des Raumes wahrgenommen worden wäre. Die Wirklichkeit ist daher immer in gewisser Weise subjektiv, also von dem betrachtenden Subjekt abhängig. Wir kennen nur unsere Wirklichkeit, mit der wir darauf schließen, was tatsächlich real ist. Durch diese subjektive sinnliche Wahrnehmung können wir über die tatsächliche Realität getäuscht werden.

## Fragen zur Unterscheidung von Mensch und Maschine (S. 38)

4. Alice ist tatsächlich eine Maschine. Erkennbar wird das interessanterweise z. B. daran, dass sie viel mehr weiß, als ein Mensch wissen könnte. Mit der Bewertung komplexer moralischer Handlungen (was soll ich tun …?) ist Alice hingegen schnell überfordert. Auch dadurch lässt sich erkennen, dass sie kein Mensch ist.

## Die Architektur von Computer und Gehirn (S. 39)

1. **Technisch:** Im Gehirn sind Bereiche und Funktionen nicht so klar getrennt wie beim Computer. Es gibt keine Software, sondern Synapsen, die zahlreiche Vernetzungen aufweisen.
**Philosophisch:** Im Computer gibt es kein Bewusstsein, niemanden, der lebt.

**Fähigkeiten:** Ein Computer tut sich z. B. mit abstrakten mathematischen Berechnungen hervor, hingegen kann er Unterscheidungen von Gegenständen in der realen Welt bisher nur schwer vornehmen.

2. a) einfacher für einen Menschen z. B.:
   1. ein romantisches Gedicht schreiben;
   2. moralische Handlungen bewerten;
   3. sich geschickt bewegen, das Gleichgewicht halten
   b) einfacher für einen Computer z. B.:
   1. rechnen; 2. Passwörter knacken;
   3. auf eine Frage immer dieselbe Antwort geben

3. Am Mann sind Teile von Maschinen angebracht. An der Stelle, an der sein Gehirn sein müsste, greifen maschinelle Rädchen ineinander. An seinem Rücken steht eine Vorrichtung hervor, an der er „aufgezogen" werden kann. Der Kopf raucht, der Mann sieht ausdruckslos nach unten. Die Abbildung stellt kritisch dar, dass von Menschen in unserer Gesellschaft oft erwartet wird, dass sie wie Maschinen funktionieren: fehlerfrei, ohne Pausen zu machen und jederzeit leistungsbereit (Aufziehen genügt). Eigentlich menschlich ist das nicht, denn was uns zu Lebewesen macht, sind auch unsere Fehler, unsere limitierten Rechenfähigkeiten, unser beschränktes Gedächtnis, die Fähigkeit, zu vergessen, Vorlieben zu haben, z. B. lieber mal eine längere Pause zu machen und sich dagegen wehren zu können, quasi auf Knopfdruck funktionieren zu müssen. Diese Eigenschaften machen uns erst zu dem, was wir sind: Menschen. Wir sollten uns daher über sie bewusst sein, Verständnis für sie aufbringen und auch ihre positiven Seiten sehen.

4. Das Zitat missversteht die Bedeutung einer Weltherrschaft der Computer. Diese ist im Zusammenhang mit unserer wachsenden Abhängigkeit von technischen Hilfsmitteln gemeint, nicht aber so, dass die Computer wie kleine Soldaten gegen uns kämpfen werden.

## Unterschied im Recht auf Leben (S. 43)

1. Mögliche Stellungnahme:
   b) Hier wird das Interesse am eigenen Leben als Kriterium eingeführt. Es wird also angenommen, dass, wer mehr Interesse an seinem Leben hat, mehr Rechte haben sollte. Allerdings wird es nicht leicht sein, festzustellen, wie viel Interesse andere Tiere an ihrem Leben haben. Wie lässt sich das berechnen?
   c) Man fühlt nicht weniger, weil man nicht sprechen kann. Ansonsten würde das heißen, dass z. B. taubstumme Menschen oder Babys weniger fühlen. Der Zusammenhang ist hier nicht gegeben. Würden Tiere aber tatsächlich weniger fühlen als Menschen, wäre das ein ethisch relevantes Kriterium, weil sie dann weniger an ihrem Leben teilnehmen könnten als Menschen. Es weist jedoch bei Tieren mit einem vergleichbaren Nervensystem wie unserem (Hunde, Kühe, Schweine, Hühner etc.) nichts daraufhin, dass dem so ist.
   d) vgl. c). Insofern kann dem zugestimmt werden.
   e/f) Tiere sind keine Menschen, das stimmt. Die Spezies ist aber ebenso wenig wie die Hautfarbe oder das Geschlecht ein ethisch relevantes Kriterium. Welcher Spezies jemand angehört, sagt also nichts darüber aus, wie wir ihn behandeln dürfen/müssen. Die Behandlung/Rechte, die jemand erfahren darf/hat, müssen ethisch gesehen von bestimmten ethisch relevanten Eigenschaften des jeweiligen Individuums abhängig sein, z. B. kann ethisch gerechtfertigt werden, dass Menschen, die schwere Schuld auf sich geladen haben (z. B. durch Mord) ihres Rechts auf Freiheit beraubt werden dürfen, um andere zu schützen bzw. bestraft zu werden.

# Lösungen

## Willens- und Handlungsfreiheit (S. 46)

1. Handlungsfreiheit bedeutet, dass man ohne äußere Zwänge handeln kann, also z. B. entscheiden kann, was man tun will. Willensfreiheit bedeutet, dass man über einen freien Willen verfügt, also einen eigenen Willen darüber haben kann, was man tun will. Man braucht daher Willensfreiheit, um Handlungsfreiheit haben zu können, nicht aber umgekehrt.

   Auf dem Bild steht ein Mann auf einer offenen Fläche. Er kann gehen, wohin er will, ohne dass etwas da wäre, das ihn aufhalten könnte (z. B. Mauern, Menschen etc.). Er genießt Handlungsfreiheit.

   Der Mann steht im Umriss eines Kopfes. Das könnte dafür stehen, dass er durch einen Willen gesteuert wird. Wenn der Kopf sein eigener ist bzw. sein eigener Wille ihn frei leitet, so genießt er Willensfreiheit.

2. Es kann ohne Willensfreiheit keine Handlungsfreiheit geben, weil es nicht möglich ist, seine Handlungen frei zu bestimmen, wenn man nicht über einen freien Willen verfügt, der diese Handlungen frei wollen kann.

## Philosophen und Schriftsteller über das Gute (S. 50)

1. „Das höchste Gut ist die Harmonie der Seele mit sich selbst."
   *Seneca (ca. 1–65 n. Chr.), De Vita Beata, VIII, 6*
   ➡ z. B. Von allem Guten ist es das Beste, wenn man eine innere Ausgeglichenheit hat.

   „Nicht das Leben ist das höchste Gut, sondern das gute Leben. ‚Gut' leben ist so viel wie ‚edel und gerecht'."

   *Platon (428/427 v. Chr. – 348/347 n. Chr. ), Über die Idee des Guten*
   ➡ z. B. Von allem Guten ist es das Beste, ein gutes Leben zu führen, was bedeutet ein edles (z. B. Rückgrat zeigen, Schwachen helfen) und gerechtes Leben.

„Gott will nämlich etwas nicht deswegen, weil es richtig oder gerecht ist, sondern weil Gott es will, ist es richtig oder gerecht." *Gabriel Biel (1415–1495), Collectorium circa quattuor libros Sententiarum liber 1, distinctio 17, quaestio 1, articulus 3, corollarium 1.*
➡ z. B. Das Gute ist das, was Gott will. Aber er will es nicht, weil es gut ist, sondern egal, was er will, es ist immer als gut zu definieren.

„Der Mensch erstrebt nicht etwas, weil er es für gut hält, sondern er hält es für gut, weil er es erstrebt." *Nach Baruch Spinoza (1632–1677); vgl. Wolfgang Bartuschat: Baruch de Spinoza, München 1996, S. 114–116.*
➡ z. B. Dem Menschen geht es bei seinen Zielen nicht darum, dass sie möglichst gut sind, sondern er setzt seine Ziele und weil sie seine Ziele sind, hält er sie immer für gut.

„Es ist überall nichts in der Welt, ja überhaupt auch außer derselben zu denken möglich, was ohne Einschränkung für gut könnte gehalten werden, als allein ein guter Wille."
*Immanuel Kant (1727–1804), Grundlegung zur Metaphysik der Sitten, erster Satz,*
➡ z. B. Nichts ist nur gut, außer einem guten Willen. Das könnte so verstanden werden, dass ein guter Wille nur das Gute will, ein guter Mensch z. B. aber nie nur und ausschließlich gut ist (z. B. lügt jeder einmal, fügt anderen Schaden zu etc.).

## Interview mit Aristoteles (S. 51)

1. Die Reihenfolge lautet 4–1–3–2.

2. Z. B. anhand der Vernunft zu erkennen, was gut ist, und dann immer so zu handeln, führt zur Glückseligkeit (Eudaimonie). Sie ist für Aristoteles das höchste Gut, weil sie nicht wie andere Güter für etwas anderes gewollt wird (z. B. Geld, um etwas zu kaufen), sondern einfach um ihrer selbst willen gewollt wird (also wollen wir die Glückseligkeit, weil wir glückselig sein wollen).

# Lösungen

## Jeder altert – aber nicht auf gleiche Weise! (S. 55)

1. Faktoren, die beeinflussen können, ob Altern in einer Gesellschaft als positiv oder negativ wahrgenommen wird:
   - ⊙ Religion oder Traditionen und Bräuche (vgl. Bali im Text)
   - ⊙ Sichtweise auf den menschlichen Körper; bei stark ausgeprägtem sogenannten „Jugendwahn" fällt Altern z. B. sicher schwerer. (vgl. Brasilien im Text)
   - ⊙ Traditionelle Geschlechterrollen haben einen Einfluss darauf, wie Altern wahrgenommen wird. (vgl. Brasilien im Text)
   - ⊙ Renteneintrittsalter; dieses hat Einfluss auf die Wahrnehmung von Altern, weil es einen „letzten" Lebensabschnitt markiert, der leicht mit „Alter" verbunden werden kann. (vgl. Norwegen und Japan)
   - ⊙ sich gebraucht/nützlich fühlen, z. B. durch eine berufliche Aufgabe (vgl. Norwegen und Japan)
   - ⊙ Integration; positiv wirkt es sich aus, wenn man auch im Alter weiterhin dazugehört, also z. B. engen Kontakt zur Familie hat, von Angehörigen gepflegt wird oder diese oft sieht und sich nicht isoliert und allein fühlt (vgl. Japan im Text)

2. Hier dürfen die Schüler, was die Situation in Deutschland angeht, eigene Erfahrungswerte angeben und zur Diskussion stellen. Gemeinsamkeiten könnten z. B. u. a. mit Brasilien gesehen werden, da auch hierzulande Schönheitsoperationen eine wichtige Rolle spielen. Einen wichtigen Unterschied zu Japan bildet sicher die Akzeptanz älterer Menschen im Berufsleben. In Deutschland haben es ältere Menschen schwer, Angestelltenjobs zu finden, u. a. da sie ein großes potenzielles Krankheitsrisiko bilden, für weniger leistungsfähig gehalten werden usw. Hingegen könnte die größere Erfahrung der Älteren vielleicht auch gewinnbringend genutzt werden.

## Schiller an Goethe – ein Brief (S. 60)

1. Jena, den 31. August 1794
   Bei meiner Zurückkunft aus Weißenfels, wo ich mit meinem Freunde Körner aus Dresden eine Zusammenkunft gehabt, erhielt ich Ihren vorletzten Brief, dessen Inhalt mir doppelt erfreulich war. Denn ich ersehe daraus, <u>daß ich in meiner Ansicht Ihres Wesens Ihrem eigenen Gefühl begegnete, und daß Ihnen die Aufrichtigkeit, mit der ich mein Herz darin sprechen ließ, nicht mißfiel.</u> Unsre späte, aber <u>mir manche schöne Hoffnung erweckende, Bekanntschaft</u> ist mir abermals ein Beweis, wie viel besser man oft thut, den Zufall machen zu lassen, als ihm durch zu viele Geschäftigkeit vorzugreifen. Wie lebhaft auch immer <u>mein Verlangen war, in ein näheres Verhältniß zu Ihnen zu treten</u>, als zwischen dem Geist des Schriftstellers und seinem aufmerksamsten Leser möglich ist, so begreife ich doch nunmehr vollkommen, daß die so sehr verschiedenen Bahnen, auf denen Sie und ich wandelten, uns nicht wohl früher, als gerade jetzt, mit Nutzen <u>zusammen führen</u> konnten. Nun kann ich aber hoffen, <u>daß wir, so viel von dem Wege noch übrig sein mag, in Gemeinschaft durchwandeln werden</u>, und mit um so größerm Gewinn, da die letzten <u>Gefährten auf einer langen Reise</u> sich immer <u>am meisten zu sagen haben.</u> (…)
   Sie wollten, daß ich von mir selbst reden sollte, und ich machte von dieser Erlaubniß Gebrauch. Mit Vertrauen lege ich Ihnen diese Geständnisse hin, und <u>ich darf hoffen, daß Sie sie mit Liebe aufnehmen.</u> (…) Alles bei uns empfiehlt sich Ihrem <u>freundschaftlichen Andenken</u>, und ich bin <u>mit der herzlichsten Verehrung der Ihrige</u>
   <u>Schiller</u>

# Lösungen

## Die Geschichte der Kugelmenschen (S. 64)

1. Der Text handelt vom Ursprung der Liebe. Platon erklärt diesen damit, dass es einmal ein Mannweib gab, das aufgrund einer Teilung der Götter zu den beiden Hälften „Mann" und „Weib" wurde. Seither verlangen die Hälften danach, ihre jeweils andere wiederzufinden.

2. Es handelt sich um ein drittes Geschlecht, das aus „Mann" und „Weib" in einer Einheit besteht.

3. Das Mannweib wollte sich einen Zugang zum Himmel bauen und die Götter angreifen.

4. „Mann" und „Weib" sehnen sich nach der jeweils anderen Hälfte.

5. Liebe wird in der Geschichte als existenzielles Bedürfnis verstanden, durch die jeweils andere Hälfte zu seiner eigentlichen Identität zurückzufinden.

## Wissenschaft und Liebe (S. 65)

1. Die Reihenfolge lautet:
Hormon, verliebt, Nähe, Jahre, Liebe, Gehirn, Erfahrungen, Erklärung, Evolutionsbiologisch, Mutterliebe, Kinder, romantische, Ideal, Nebenprodukt, Pubertät, Gefühlen, Person, kulturell

2. Verliebtheit ist laut Lückentext ein Zustand, der durch das Hormon Phenylethylamin verursacht wird. Er ist zeitlich auf maximal drei Jahre begrenzt. Liebe, die im Gegensatz dazu zeitlich nicht begrenzt ist, entwickelt sich aus einer Art Gewohnheit der Erfüllung sexueller Lust. Der Philosoph Richard David Precht erklärt die Ursachen der Liebe durch die Mutterliebe, die aus seiner Sicht als einzige Form der Liebe evolutionsbiologisch Sinn macht, um die Nachkommen zu versorgen. Die heutige geschlechtliche Liebe sei daraus entstanden, weil sich Jugendliche in der Pubertät von der Elternliebe abkapseln und für diese nach einem Ersatz suchen. Diesen Ersatz versuchen sie bei Gleichaltrigen zu finden. Gleichzeitig entstehen in der Pubertät sexuelle Wünsche, die ebenfalls auf dieselbe Person bezogen werden. Einen Grund dafür, dass wir im Ideal Liebe und sexuelle Befriedigung in derselben Person suchen, sieht Precht in unserer kulturellen Prägung seit dem 18. Jahrhundert, wo dieses Ideal entstand, das uns seitdem in Büchern, Filmen usw. vermittelt wird.

3. Während bei Platon die Liebe ein Schicksal der Menschen aufgrund ihrer Vergangenheit ist und jeweils nur zwei Personen dafür zusammenpassen, ist sie bei Precht nur ein Nebenprodukt der Evolution, das sich aus der Mutterliebe entwickelt hat. Das romantische Ideal, das bei Precht rein kulturell ist, klingt – lange vor der Romantik – bei Platon darin an, dass jeweils nur zwei Menschen in der Liebe zusammenpassen
und füreinander bzw. gemeinsam geschaffen wurden und lebenslänglich nacheinander suchen. Somit ist diese Verbindung bei Platon existenziell für den Menschen.

## Statistik und Fallbeispiel zum Cybermobbing (S. 68)

2. Gründe können beispielsweise sein, dass die Jugendlichen immer mehr Zeit im Internet verbringen und das Problem daher mehr Raum einnimmt. Die Schwelle für Mobbing im Internet ist außerdem niedriger als im realen Leben, weil die Tat indirekter stattfindet, die Täter also weniger Hemmschwellen haben. Die Ausmaße können allerdings wesentlich schwerwiegender sein, weil die Verbreitung von Inhalten oft nicht kontrollierbar ist und einmal in sozialen Netzwerken gepostete Inhalte oder Fotos oft kaum mehr aktiv in der Verbreitung gestoppt werden können.

4. Verschiedene Antwortmöglichkeiten, z. B. polizeiliche Maßnahmen, Unterstützung durch Freunde, Eltern, andere Beteiligte, die sich offen hinter Amanda und gegen den Täter hätten stellen müssen, Isolation des Täters, umfassendere psychologische Unterstützung von Amanda, natürlich hätten präventive Maßnahmen das Ende ebenso verhindern können (z. B. Aufklärung im Unterricht über das Problem Cybermobbing und den Schutz davor, z. B. nicht mit Fremden chatten, keinesfalls Nacktfotos oder -videos ins Netz stellen etc.) usw.

## John Rawls und der Schleier des Nichtwissens

### (S. 72)

1. Das Experiment soll so funktionieren, dass alle Menschen als gleich gedacht werden. Nun sollen sie sich eine Gesellschaftsordnung geben, wobei sie allerdings nicht wissen, an welcher Stelle ihrer dadurch entstehenden Gesellschaft sie selbst stehen werden (z. B. ob sie reich oder arm sind etc.). Rawls glaubt, dass die Menschen auf dieser Basis eine faire, unparteiliche Entscheidung treffen werden, da sie das Ziel haben werden, dass jeder in der Gesellschaft gerecht behandelt wird, da sie selbst ja jeder dieser Gesellschaft sein könnten. Sie können sich selbst gar nicht bevorzugt behandeln, da sie nicht wissen, an welcher Stelle der Gesellschaft sie ihren Platz haben.

4. Vorteile des „Schleier des Nichtwissens": Gedankenexperiment, das die Bedeutung von Parteilichkeit in der Entstehung von ungerechter Behandlung aufzeigt und reflektiert; anhand eines gespielten „Schleier des Nichtwissens" kann bei Anwendung aller an einem Konflikt Beteiligten im Idealfall eine gerechte Lösung für alle gefunden werden
Nachteile des „Schleier des Nichtwissens": suggeriert, dass alle Menschen völlig gleich sind, also auch die gleichen Interessen haben,

was nicht der Fall ist, individuelle Vorlieben können nicht berücksichtigt werden; das Gedankenexperiment bleibt bis zu einem gewissen Grad immer hypothetisch, weil man nicht verhindern kann, dass einzelne Personen ihren eigenen Vorteil im Blick haben (schließlich weiß man in der Realität, welchen Platz man danach in der Ordnung einnehmen wird); wie wird am Ende beschlossen, welche Ordnung gilt? Muss dafür eine einstimmige Abstimmung erfolgen, damit sichergestellt wird, dass alle die Ordnung gerecht finden? In der Praxis ist das wohl kaum umsetzbar. So bleibt das Gedankenexperiment letztlich doch aus verschiedenen Gründen eine Hypothese …

## Lifeboat Earth (S. 75)

1. Die Antwort ist offen. In der Diskussion sollte darauf geachtet werden, dass das Thema die gerechteste Lösung bleibt! Auf jeden Fall sollte klar werden, dass es Mord wäre, einem Passagier kein Wasser zu geben, obwohl genügend Wasser für alle da wäre. Falls das in der Diskussion nicht zur Sprache kommt, können Sie als Lehrer hier noch einmal nachhaken.

2. Auch hier ist die Antwort offen. Wichtig sind die schlüssige Anwendung der Metapher und eine logisch stringente Argumentation. Im Kern geht es dabei um die Kausalkette, die die Rettungsbootmetapher unterstellt: Wenn wir tatsächlich „alle in einem Boot sitzen" und einigen Wasser vorenthalten, obwohl wir genug davon haben, und diese als Wirkung unserer Handlung sterben, ist das eindeutig Mord und kann nicht gerechtfertigt werden. Allerdings könnte argumentiert werden, dass die Metapher irreführend ist, weil die Kausalkette nicht tatsächlich vorliegt. Die Menschen, die verhungern, würden weit weg von uns leben und wir hätten keinen Einfluss auf deren Hunger, sie würden also auch ohne unser Zutun Hunger leiden (= es würde dann kein Ursache-Wirkungs-Verhältnis vorliegen = keine

# Lösungen

Kausalkette). Daher wären wir nicht schuld am Tod dieser Menschen. Diese Aussage wiederum kann ebenfalls in Frage gestellt werden, schlüssig z. B. in Verbindung mit Argumenten wie in 3. näher erläutert.

3. Die Antwort hängt stark vom Vorwissen der Schüler ab. Wenn mehr Zeit vorhanden ist, könnten die Schüler hierzu vorher noch im Internet recherchieren, aus welchen Gründen Menschen hungern.

   Genannt werden könnten z. B. mit Kausalkette:
   ⊙ Auswirkungen des Klimawandels, wie Desertifikation (= Ausbreitung der Wüsten), Dürre, Naturkatastrophen ➡ In diesem Fall besteht eine Kausalkette zwischen „uns" als westlicher Industrienation sowie uns als einzelnen Verbrauchern und den hungernden Menschen – „wir" tragen daher Schuld und sind aus diesem Grund auf jeden Fall verpflichtet, zu helfen.
   ⊙ Wirtschaftliche Ausbeutung, z. B. Billigproduktionen in Entwicklungsländern, die die Menschen dort ausbeuten und unter schweren Bedingungen oft ohne nötige Sicherheitsmaßnahmen arbeiten lassen; dadurch verarmen die Menschen weiter ➡ Es besteht eine Kausalkette zwischen „uns" als Konsumenten der Billigprodukte und den wirtschaftlich ausgebeuteten Armen in den Entwicklungsländern – „wir" tragen daher Schuld und sind aus diesem Grund auf jeden Fall verpflichtet, zu helfen.
   ⊙ Politische Gründe, z. B. instabile politische Lage, Kriege, hohe Korruption ➡ Teilweise kann auch hier eine Kausalkette von „uns" als westliche Industrienationen zu bestimmten Entwicklungsländern verfolgt werden, z. B. wenn die politisch instabile Lage ihre Gründe in der Grenzziehung nach eigenen Interessen durch westliche Industrienationen hat – dann tragen „wir" daher Schuld und sind aus diesem Grund auf jeden Fall verpflichtet, zu helfen.

Genannt werden können z. B. ohne Kausalkette:
⊙ hohe Kindersterblichkeit (wenn ohne Zusammenhang zu „uns")
⊙ schlechte medizinische Versorgung

## Kriegsgründe – legitim oder nicht? (S. 78)

1. und 2. Die Antworten sind offen. Im Vordergrund steht die schlüssige moralische Begründung der Argumente.

3. Es sind verschiedene Antworten möglich, z. B. folgende Kriterien:
   ⊙ Der Krieg muss von einer legitimen Autorität geführt werden. In Deutschland wäre das z. B. die demokratisch gewählte Regierung.
   ⊙ Verteidigung eines Landes vor Angriffen ist ein gerechter Grund.
   ⊙ Mit dem Krieg den Frieden wiederherzustellen, ist eine gerechte Absicht.
   ⊙ Das Land sieht keinen anderen Ausweg, weil alle bisherigen Verhandlungsversuche bereits gescheitert sind.
   ⊙ In jedem Fall muss es eine große Hoffnung darauf geben, den Krieg zu gewinnen, sodass das Leben der Soldaten nicht hoffnungslos riskiert wird.

5. Auch im Krieg sollte es Regeln geben, um z. B. Zivilisten zu schützen. So sollte der Krieg möglichst so geführt werden, dass nur Soldaten betroffen sind. Außerdem sollte der Militäreinsatz verhältnismäßig sein, d. h. es sollte nicht mehr Gewalt angewendet werden als nötig ist, um den Krieg zu gewinnen.

## Das Wohl der Vielen (S. 81)

1. Beide Zitate richten einen Maßstab danach aus, dass Glück/Wohl für möglichst viele/eine möglichst große Anzahl erreicht werden soll. Wenn das der Fall ist, ist eine Entscheidung „richtig".

**2. a)** Spock/Bentham hätten entschieden, dass das Gleis umgestellt wird, sodass die drei Kinder gerettet werden, obwohl dadurch das Leben des Mannes auf dem Spiel steht. Entschieden werden muss im Kern, ob drei oder eine Person sterben müssen. Das größte Maß an Glück für die größte Anzahl an Beteiligten kommt in diesem Fall eher einer Vermeidung von Leid gleich. Durch den Tod des Mannes kann dreifaches Leid (Tod dreier Kinder) vermieden werden. Das Wohl der vielen (drei Kinder) wird zuungunsten des Wohl des einen (Mannes) gewählt.

**3. a)** Spock/Bentham hätten ebenso entschieden wie in 2 a). Bei einer gleichberechtigten Entscheidung können persönliche Beziehungen keine Rolle spielen.

## *Fragestellungen zum Utilitarismus (S. 82)*

**1. und 2.** Anmerkungen zu den Fragestellungen: Woher weiß man in einer konkreten Situation, was die größtmögliche Menge an Glück für andere ist?
- ◉ Tatsächliches Problem des Utilitarismus; beantwortet wird es oft mit Analogieschlüssen (z. B. „weil etwas Glück für mich bedeutet, nehme ich an, dass es auch Glück für andere bedeutet").

Um den Utilitarismus anzuwenden, muss man Glück messen. Doch wie soll das konkret funktionieren?
- ◉ Tatsächliches Problem des Utilitarismus; Glück ist keine mathematische Größe und kann nicht genau gemessen werden. Übrigens bleibt auch offen, wie das mit dem Leid konkret „verrechnet" werden soll. Leid lässt sich vom Glück schließlich nicht „abziehen".

Was macht glücklich?
- ◉ Die Antwort ist offen. Die Antwort auf diese Frage ist natürlich ausschlaggebend für den Utilitarismus.

Sind im Utilitarismus alle gleichberechtigt?
- ◉ Ja. In der Form, in der er hier vorgestellt wurde, ist das der Fall. Niemand wird bevorzugt behandelt.

Darf eine große Mehrheit über den Tod eines Einzelnen entscheiden, nur weil dieser ihrem Glück im Weg steht?
- ◉ Diese Frage ist höchst problematisch! Der Schutz des Einzelnen ist im Utilitarismus in seiner Reinform nicht gewährleistet. Es müssen unabänderliche Rechte für alle gelten, um das zu verhindern.

Wann stößt der Utilitarismus an seine Grenzen?
- ◉ z. B. in Hinblick auf die Messbarkeit von Glück und Leid.

Rechtfertigt eine Folge, die möglichst viel Glück für alle mit sich bringt, jeden Weg? Wäre es z. B. erlaubt, einen sehr kranken Menschen zu töten (Sterbehilfe), um viele Gesunde glücklich zu machen und das Leiden des Kranken zu beenden?
- ◉ Diese Frage ist höchst problematisch (s. o. zum Schutz des Einzelnen). Es muss unumwürfliche Rechte geben, um den Einzelnen vor Übergriffen der Mehrheit zu schützen.

Gehört Leid nicht auch zum Leben?
- ◉ häufiger Einwand gegen den Utilitarismus.

Ist Glück wirklich das höchste Ziel?
- ◉ Der Utilitarismus setzt seinen Maßstab so, dass jede Handlung so abgewogen werden soll, dass das größte Maß an Glück entsteht. Es kann natürlich hinterfragt werden, ob es nichts Wichtigeres im Leben gibt als Glück, z. B. Gerechtigkeit. Die Antwort ist offen.

Würdest du gern in einer rein utilitaristischen Gesellschaft leben?
- ◉ Die Antwort ist offen.

# Lösungen

**3.** Lösungsmöglichkeit:

| Vorteile | Nachteile |
|---|---|
| Keine Bevorzugung bestimmter Personen ➔ Gleichberechtigung, Unparteilichkeit | Glück und Leid sind keine mathematischen Größen. Sie können nicht genau gemessen und gegeneinander abgewogen werden. |
| Entscheidungen werden nicht egoistisch getroffen (Altruismus). | Alleinige Ausrichtung auf die Kriterien Glück und Leid; andere mögliche Kriterien (z. B. Gerechtigkeit) spielen keine Rolle. |
| Das Glück eines jeden ist gleich viel Wert. Es geht nicht darum, wer das Glück empfindet, sondern um das Ausmaß an Glück, das empfunden wird (Universalismus). | Nur die Folgen einer Handlung werden bei der Entscheidung berücksichtigt, nicht aber z. B. die Motive des Handelnden oder der Weg, mit dem die Folgen erreicht werden. |
| Handlungen werden nach ihren Folgen bewertet. Das macht den Utilitarismus sehr praxisorientiert. Es werden keine Entscheidungen getroffen, nur weil die Motive gut sind, auch wenn die Folge nicht gut ist. Es wird immer auf die Folge einer Handlung gesehen. | Glück muss nicht für jeden dasselbe bedeuten. Man weiß nicht immer, was es für alle an den Folgen einer Handlung Beteiligte bedeutet. Die Einschätzung, die zur Abwägung und ethischen Entscheidung nötig ist, ist daher nur schwer möglich. |

## Präferenzutilitarismus (S. 85)

Erklärungen zur Tabelle:
**Zu 1:** Der Mensch ist ein Allesfresser (wie z. B. das Schwein).
**Zu 2:** Eiweißgehalt im Vergleich: 100 Gramm eines Brathuhns enthalten ca. 19,9 Gramm Eiweiß, 100 Gramm Rinderfilet 21,2 Gramm, 100 Gramm Schnitzel 22,2 Gramm. Vergleichbare nichttierische Nahrungsmittel mit ähnlich hohen Eiweißwerten kommen weniger häufig vor, z. B. enthalten 100 Gramm Sojabohnen 33,7 Gramm Eiweiß, 100 Gramm geröstete Erdnüsse 26,4 Gramm, 100 Gramm Popcorn 12,7 Gramm Eiweiß.
**Zu 3:** Das ist falsch. Derzeit gibt es laut Angaben des Vegetarierbunds Deutschland (vebu) sechs Millionen Vegetarier in Deutschland, darunter viele Langzeitvegetarier. In einer Langzeitstudie des Deutschen Krebsforschungszentrums Heidel-

berg (DKFZ) wurde sogar erwiesen, dass Vegetarier seltener an Herz-Kreislauf-Erkrankungen und Krebs erkranken.
**Zu 4:** Das ist laut Studie des DKFZ (s. zu 3) tatsächlich wahr.
**Zu 5:** Das ist wahr. Als Beispiel können sämtliche Raubtierarten angeführt werden.
**Zu 6:** Das ist leider nicht wahr. Nach Angaben der Deutschen Bundesregierung funktioniert die Betäubung bei bis zu neun Prozent der Rinder und bis zu zwölf Prozent der Schweine nicht. Diese werden beim Schlachten bei vollem Bewusstsein aufgeschlitzt.

**2.** Speziesismus liegt vor, wenn ein Lebewesen nur deshalb benachteiligt wird, weil es einer anderen Spezies angehört. Die Angehörigkeit zu einer anderen Spezies ist ebenso wenig wie die Angehörigkeit zu einem anderen

Geschlecht oder eine andere Hautfarbe ein ethisch relevantes Kriterium. Ethisch relevante Kriterien sind hingegen z. B. die Leidensfähigkeit oder das Interesse eines Lebewesens, am Leben zu sein.

Präferenzutilitarismus bedeutet, dass die Interessen, die die an den Folgen einer Handlung beteiligten Lebewesen haben, gegeneinander abgewogen werden. Dann muss so entschieden werden, dass sich das ethisch

relevantere Interesse durchsetzt. Dies entspricht dem utilitaristischen Ansatz, dass das größte Maß an Glück der größten Anzahl an Beteiligten (unabhängig von ihrem Geschlecht oder ihrer Spezies) erzielt werden soll.

## *Fleischesser – Vegetarier – Veganer (S. 86)*

**1.** siehe Tabelle unten:

| Ethisches Argument | Gesundheitliches Argument | Genuss-Argument |
| --- | --- | --- |
| Ein kurzer, guter Geschmack ist es nicht wert, ein Tier lebenslang leiden zu lassen.<br>➡ präferenzutilitaristisches Argument | Fleisch enthält viel Eiweiß. | Fleisch schmeckt gut. |
| Das Tierleid der männlichen Küken und der Milchkühe sollte auch nicht unterstützt werden.<br>➡ empathisches Argument/ Gewissensargument | Menschen, die kein Fleisch essen, leben länger als Fleischesser. | Auch Tofu, Eier und Milch können gut schmecken. |
| | Auch Tofu, Eier und Milch enthalten viel Eiweiß. | |

## *Hobbes – Gesellschaftsvertrag (S. 90)*

**1.** Hobbes nennt hierfür drei Gründe, die alle darauf aufbauen, dass die Menschen einander von Natur aus ähnlich waren und ähnliche Interessen hatten: 1. Konkurrenz, da sie dasselbe wollten; 2. Misstrauen, da es keine Gesetze gab und jeder jedem daher ungestraft Schaden zufügen konnte; 3. Ruhmsucht, die mit der Macht begründet wird, die jeder Mensch ausbauen wollte.

**2.** Ziel des Staates ist es, Frieden zu schaffen. Der Weg:
  ⊙ Vertragsschluss aller mit allen

  ⊙ Machtübertragung durch Vertragsschluss auf eine Staatsmachtfigur
  ⊙ Wenn Einzelne den Vertrag nicht schließen und in der Gegend sind, dürfen sie vernichtet werden, da für sie keine Regeln gelten.
  ⊙ Nach dem Vertragsschluss sind die Menschen Untertanen des Leviathan,
  ⊙ Der Leviathan darf alles und ist immer im Recht.
  ⊙ Die Untertanen sind dem Leviathan ausgeliefert.
  ⊙ Es soll keine Gewaltenteilung (Exekutive, Legislative, Judikative) geben, um die Macht zu kontrollieren, da Hobbes befürch-

tet, dass daraus Konkurrenz und wiederum Krieg erwachsen könnte.

3. Aspekte, die in die kritische Stellungnahme einfließen könnten:
   - ⊙ Gefahr des Machtmissbrauchs durch den Leviathan
   - ⊙ Kein Minderheitenschutz
   - ⊙ Gefahr der unrechten Behandlung
   - ⊙ Keine Kontrollmöglichkeit des Leviathan
   - ⊙ Keine Mitbestimmung im Staat
   - ⊙ Keine unumwürflichen Bürgerrechte
   - ➡ All das führt zu Unrecht, Auflehnung und erneutem Krieg.

## Rousseaus politisches Ziel (S. 93)

1. Verschiedene Interpretationsmöglichkeiten aus dem gegebenen kurzen Kontext heraus. Beispiele:
   - ⊙ als finanzielle Abhängigkeit des Menschen von anderen Menschen
   - ➡ Der Mensch muss arbeiten gehen.
   - ⊙ als wirtschaftliche Abhängigkeit des Menschen von anderen Menschen bzw. Konzernen
   - ➡ Der Mensch baut sein Essen nicht selbst an, sondern ist von Supermärkten abhängig. Er kann seine Kleidung nicht selbst machen, sondern ist von Geschäften abhängig.
   - ⊙ als Abhängigkeit im Sinn der Fremdbestimmung
   - ➡ Der Mensch kann seinen Tagesablauf oft nicht selbst bestimmen, sondern ist an Stundenpläne, Termine u. Ä. gebunden.

2. **Menschenbild:** Der Mensch wurde frei geboren, hat sich aber zu einem Abhängigen entwickelt.
   **Ziel Rousseaus:** Dem Zustand als Abhängigen zumindest Rechtmäßigkeit verleihen.
   - ➡ Eine Möglichkeit finden, wie die Abhängigkeit fair, offen und legitim geregelt werden kann

3. **Sonderwillen:**
   - ⊙ Ich will viel Geld/ein iPhone haben.
   - ⊙ Ich möchte eine Karriere als Politiker machen/Macht ausüben.
   - ⊙ Ich will einmal heiraten und daher sollen Verheiratete steuerlich bevorzugt werden.

   **Gemeinwille:**
   - ⊙ Wenn jemand einen anderen ermordet, soll er in Zukunft folgende Strafe bekommen …
   - ⊙ Die Schulpflicht soll für alle Schüler bis zum 16. Lebensjahr dauern.
   - ⊙ Das Militär soll aufgestockt/verringert werden, weil mehr/weniger Verteidigung nötig ist.

4. **Vorteile des Gesellschaftsvertrags:**
   - ⊙ sucht eine Möglichkeit, das Gemeinwohl zu fördern
   - ⊙ gegen Machtmissbrauch
   - ⊙ für Volkssouveränität
   - ⊙ gegen Diktatur
   - ⊙ gilt für alle Bürger; alle müssen sich daran halten, insofern fair

   **Nachteile des Gesellschaftsvertrags:**
   - ⊙ praktische Umsetzbarkeit der Versammlungen des ganzen Volks
   - ⊙ praktische Umsetzbarkeit von der direkten Regierung des Volks ohne Abgeordnete, da die Menschen arbeiten gehen müssen und sich nicht den ganzen Tag mit politischen Themen beschäftigen können
   - ⊙ Nicht alle Bürger sind über alle Themen immer wohl unterrichtet und könnten Entscheidungen daher falsch treffen.
   - ⊙ Es lässt sich nicht überprüfen, ob die Bürger nicht ihre Sonderwillen bei der Abstimmung unter dem Deckmantel des Gemeinwillens einsetzen und damit ihre Macht missbrauchen und sich Vorteile im Staat verschaffen
   - ⊙ Da der Gemeinwille als unveränderlich und immer gleich angesehen wird, wird ein möglichst einstimmiges Ergebnis angestrebt. In der Praxis sind eher korrupte Staaten für solche Ergebnisse bekannt. Eine Haltung, in der Einstimmigkeit propagiert

wird, fördert auch nicht den politischen Diskurs.

## Rousseau vs. Grundgesetz (S. 94)

1. Augenbinde ➡ Sie ist gerecht ohne Ansehen der einzelnen Person, entscheidet also für alle gleich/unparteilich.
Sie hält eine Waage in der Hand. ➡ Sie wägt für und wider gegenseitig ab und entscheidet damit allgemein für das Schwerwiegendere ohne Ansehen der Person, sodass jeder das erhält, was ihm zusteht.

Sie hält ein Schwert in der Hand. ➡ Zeichen der Wehrhaftigkeit; das Recht wird konsequent/hart durchgesetzt.

2. siehe Tabelle unten:

| Politisches System der Bundesrepublik | Politische Theorie Rousseaus |
|---|---|
| Die Entscheidung fällt aus der Summe der Sonderwillen. | Die Entscheidung fällt der Gemeinwille. |
| Der Ausgang einer Abstimmung hängt von vielen verschiedenen, auch tagespolitischen Aspekten ab. | Der Gemeinwille ist immer gleich. |
| Jeder Bürger darf für das abstimmen, was ihm gefällt. | Jeder Bürger hat die Pflicht, so abzustimmen, wie es für die Gemeinheit am besten ist. |
| Politische Entscheidungen können richtig oder falsch getroffen werden. | Der Gemeinwille kann sich nicht irren. |
| Es gibt Abgeordnete, die vom Volk gewählt wurden und dieses repräsentieren sollen. | Es gibt keine Abgeordneten, da sie nur ihre Sonderwillen vertreten. Die Bürger sollen selbst entscheiden. |
| Jeder Bürger, der ein Einkommen erhält, bezahlt Steuern. | „Steuer ist ein Sklavenwort." (Nur Sklaven, die sich nicht selbst regieren, bezahlen Steuern.) |

3. Begründungen nachfolgend; die Bewertungen sind offen.
Die Entscheidung fällt aus der Summe der Sonderwillen.
   ➡ Menschen entscheiden aus ihren Sonderwillen heraus. Eine fairstmögliche Ausgangslage ist es, alle wahlberechtigten Bürger danach entscheiden zu lassen und dann die Mehrheit die (Wahl-)Entscheidung – bei Schutz der Minderheiten – treffen zu lassen.

Der Ausgang einer Abstimmung hängt von vielen verschiedenen, auch tagespolitischen Aspekten ab.
   ➡ Die Erfahrung zeigt, dass Entscheidungen nicht immer gleich ausfallen, sondern von anderen Entwicklungen abhängig sind.

Jeder Bürger darf für das abstimmen, was ihm gefällt.
   ➡ s.o. unter Summe der Sonderwillen

# Lösungen

Politische Entscheidungen können richtig oder falsch getroffen werden.

➡ Die Erfahrung zeigt, dass Menschen Fehler machen. Auch Regierungen sind nicht perfekt. Alles andere ist unrealistisch.

Es gibt Abgeordnete, die vom Volk gewählt wurden und dieses repräsentieren sollen.

➡ In der Praxis ist es in großen Staaten wie Deutschland nicht anders möglich. Das Volk kann sich nicht, wie von Rousseau angedacht, auf dem Marktplatz versammeln. Auch haben die Bürger keine Zeit, sich ständig aktuell über alle politischen Themen so zu informieren, dass sie darüber abstimmen können.

Jeder Bürger, der ein Einkommen erhält, bezahlt Steuern.

➡ In der Praxis können z. B. Straßen, Schulen und andere öffentliche Einrichtungen nicht anders finanziert werden. Bei Rousseau war es übrigens so angedacht, dass sich die Bürger selbst um den Zustand der Straßen etc. kümmern. Das ist in der Praxis in einem großen Staat nicht realistisch.

## Im Bonbonfieber (S. 96)

**1.–5.** Durchführung des Experiments; dabei erkennen die Schüler, dass gelingende Teamabsprachen das eigene Ergebnis verbessern können. Am meisten Bonbons für alle können jedoch bei erfolgreicher Teamabsprache gesammelt werden.

## Interpretation zu „Im Bonbonfieber" (S. 97)

**6.** siehe Tabelle unten:

| Im Bonbonfieber | In der realen Welt |
| --- | --- |
| die Bonbons auf dem Tisch | *die gemeinsamen Ressourcen der Erde, wie Nahrung, Holz, Öl, Wasser etc.* |
| die Entscheidung, wie viele Bonbons man als Spieler in einer Runde aufnimmt | die Entscheidung, wie man mit den Ressourcen der Erde umgeht, z. B. wie viel Wasser man verbraucht |
| Am Ende jeder Runde muss ein Bonbon in die Bank gelegt werden. | Es gibt einen notwendigen Grundverbrauch eines Menschen, wie Nahrung, Heizung, Kleidung. |
| Am Ende jeder Runde werden die Bonbons verdoppelt. | Die Ressourcen regenerieren sich über die Zeit. |
| Je mehr Bonbons man als Spieler aufnimmt, desto weniger bleiben im Spiel und werden am Ende für alle verdoppelt. | Je mehr Ressourcen man verbraucht, desto weniger bleiben übrig, um sich über die Zeit zu regenerieren. |
| Egal, wie viele Bonbons man selbst vom Tisch nimmt, bleibt das Ergebnis der Bonbons, die am Ende der Runde verdoppelt werden, immer auch abhängig von den Entscheidungen der anderen Spieler und dem Gelingen der Zusammenarbeit. | Egal, wie sparsam der Einzelne mit den Ressourcen umgeht, bleibt ihre Schonung immer auch abhängig davon, was die anderen tun. Nur gemeinsam lassen sich die Ressourcen wirklich nachhaltig schonen. |
| Es kann passieren, dass es keine Bonbons mehr in der Bank gibt. | Ressourcen sind endlich. Es kann passieren, dass sie irgendwann ausgehen, wenn man mit ihnen nicht nachhaltig umgeht. |

**2.** Das Spiel zeigt eine Entscheidungssituation, in der mehrere Personen das Ergebnis gemeinsam beeinflussen. Wenn sie zusammenarbeiten und gemeinsam einer Strategie folgen, fällt das Ergebnis in der Regel insgesamt am besten aus. Wenn aber einzelne Spieler ihren eigenen Interessen folgen und die Strategie der anderen nicht anwenden, können sich diese auf Kosten der anderen einen Vorteil verschaffen. Anhand des Spiels kann man lernen, wie wichtig eine funktionierende gemeinsame Strategie ist, die von allen eingehalten wird, um die knappen Ressourcen der Erde möglichst gerecht zu verteilen.

**3.** z.B. könnten genannt werden: Gesetze, gemeinsame Bündnisse, Absprachen, Aufklärung der Bevölkerung über das Problem knapper Ressourcen und die Strategie, die verfolgt werden soll, um diese möglichst nachhaltig zu nutzen, Erziehung zu sozialem Verhalten, das nicht rein egoistischen Interessen folgt etc.

## Arbeitsleben – Arbeit und Leben (S. 100)

**1.** Die dargestellen Bilder zeigen einen Schweißer bei der Arbeit, einen Arzt im Gespräch mit bei einer Patientin sowie eine Chefin an ihrem Arbeitsplatz beim Führen eines Bewerbungsgesprächs. Alle Bilder zeigen somit Szenen aus dem Arbeitsalltag verschiedener Berufe und stehen dadurch in Bezug zum Thema „Arbeit".

**2.** Beispiele für mögliche Gründe dafür, dass Menschen arbeiten:
- ⊙ Geld für den eigenen Lebensunterhalt verdienen
- ⊙ Geld verdienen, um eine Familie zu ernähren
- ⊙ Menschen/Lebewesen helfen
- ⊙ Umgang mit Kollegen
- ⊙ Spaß an der Tätigkeit
- ⊙ etwas Neues lernen
- ⊙ Interesse an einem bestimmten Fachgebiet

- ⊙ Freude daran, andere Menschen zu leiten/führen
- ⊙ Selbstverwirklichung
- ⊙ etwas Sinnvolles tun/hinterlassen
- ⊙ Suche nach Anerkennung
- ⊙ Genuss des mit der jeweiligen Arbeit verbundenen sozialen Status´
  etc.

## Ein Gleichgewicht für Arbeit und Freizeit (S. 103)

**1.** Wenn man das Bild betrachtet, erhält man einen rein negativen Eindruck von Arbeit. Die Frau ist eindeutig überlastet und überfordert. Ihr Kopf liegt auf dem Tisch, als hätte sie unter der hohen Arbeitsbelastung bereits aufgegeben. Als Aspekte, die einen solchen Zustand hervorgerufen haben könnten, können z.B. genannt werden:
- ⊙ zu hohes Arbeitspensum
- ⊙ zu hohe inhaltliche Anforderungen oder Erwartungen
- ⊙ schlechtes Zeitmanagement
- ⊙ zu wenig Freizeit
- ⊙ Freizeit wurde nicht zur Erholung bzw. zum Auftanken der Kräfte genutzt, sondern für Aktivitäten, die ebenfalls kräftezehrend waren
- ⊙ Perfektionismus, zu hoher Ehrgeiz, dass alle Ergebnisse perfekt sein müssen
  etc.

**2.** Die Antwort ist grundsätzlich natürlich offen. Wichtige Aspekte, die zu den einzelnen Zitaten diskutiert werden sollten:
„Arbeit ist der Ort, an dem man Zeit gegen Geld eintauscht."
➜ Wenn Arbeit ausschließlich zum Aufladen finanzieller Ressourcen genutzt wird, führt dies leicht zur Frustration. Arbeit sollte auch Spaß machen und sinngebend sein.

„Die Balance zwischen Arbeit und Freizeit ist gut, wenn man viel arbeitet, wenn man jung ist, damit man gut versorgt ist, wenn man alt ist."

→ zu stark vereinfacht. Auch wenn man jung ist, braucht man Auszeiten und sollte auf seinen Ausgleich in der Freizeit achten.

„Work-Life-Balance ist das, was irgendwo zwischen Burnout und Boreout liegt."

→ Hier sollten zunächst die Begriffe geklärt werden, wobei die Schüler in der Lage sein sollten, die Bedeutung mit ihren Englischkenntnissen herzuleiten (zumindest der Begriff „Burnout" ist den meisten ohnehin bekannt). Kritisch hinterfragt werden könnte die negative Ausrichtung. Wenn es mit der Work-Life-Balance phasenweise nicht klappt, folgen nicht automatisch gleich Burnout oder Boreout. Es geht dabei vielmehr um einen langfristigen, gesunden, nachhaltigen Umgang mit den eigenen Ressourcen.

3. Beispiele für mögliche Faktoren, die beeinflussen, wie die Work-Life-Balance individuell empfunden wird:
   ⊙ Alter des Berufstätigen
   ⊙ Lebenssituation (z. B. Single oder in einer Partnerschaft, mit Kindern oder ohne etc.)
   ⊙ Spaß am Beruf
   ⊙ Sinngebung im Beruf

⊙ Grad der Arbeitsbelastung im Beruf
⊙ Atmosphäre mit den Kollegen, allgemeines Wohlbefinden am Arbeitsplatz
⊙ Auswahl der Freizeitaktivitäten
⊙ persönliche Faktoren, z. B. Haustiere, Freunde, Hobbys, Bedeutung von Sport im Leben

4. und 5. Die Antwort ist offen. Beispiele für mögliche Antworten:
   ⊙ an der Zeiteinteilung arbeiten
   ⊙ ggf. bei Problemen mit dem Lehrer/Chef sprechen und aktiv nach Lösungen suchen
   ⊙ überlegen, ob die Freizeit sinnvoll zum Ausspannen und für ein Gleichgewicht genutzt wird (z. B. ob genug Sport zum Ausgleich gemacht wird)
   ⊙ Teams bilden, z. B. Lernteams, die das Lernen effektiver machen und damit Zeit sparen und das Ergebnis verbessern
   ⊙ bewusst Zeit für Entspannung einplanen
   ⊙ sich ggf. externe Hilfe holen (z. B. Nachhilfe, Freunde fragen, bei chronischer Überlastung ggf. eine psychologische Hilfe suchen etc.)

## Der anthropogene Klimawandel (S. 105)

1. Wirtschafts- und Umweltinteressen in Bezug auf den Treibhauseffekt:

| Wirtschaftsinteressen | Umweltinteressen |
|---|---|
| Produktion von Gütern bzw. Massentierhaltung zu möglichst geringen Kosten | Weniger Ausstoß von Treibhausgasen bei der Produktion von Gütern bzw. Massentierhaltung |
| Verkauf von Produkten zur Steigerung des Umsatzes | Weniger Produkte auf dem Markt, die im Gebrauch Treibhausgase ausstoßen bzw. stattdessen Produkte, die umweltfreundlicher sind (z. B. umweltfreundlichere Autos) |
| Schaffen von Arbeitsplätzen | Keine zusätzliche Erwärmung, damit die Polkappen nicht weiter schmelzen, sich die Wüsten nicht weiter ausbreiten und Umweltkatastrophen verhindert werden können |
| → Wirtschaft stärken | → Umwelt schützen |

**2. und 3.** Individuelle Antworten; mögliche Argumente z. B.:

Vertreter der Wirtschaft:

- ⊙ Wir schaffen mit unseren Produkten Arbeitsplätze, die der Gesellschaft nutzen. Die Treibhausgase sind da ein Nebeneffekt, den man in Kauf nehmen muss.
- ⊙ Wir entwickeln und verwenden möglichst moderne Technologien, die langfristig den Ausstoß von Treibhausgasen auch senken könnten.

Umweltaktivist:

- ⊙ Wir alle brauchen die Umwelt und müssen sie daher schützen.
- ⊙ Für langfristige Entwicklungen haben wir keine Zeit. Wir müssen jetzt den Ausstoß der Treibhausgase verringern, um die Ausbreitung der Wüsten und das Schmelzen der Polkappen zu verhindern.

## Die Frage der Verantwortung (S. 106)

**1. Vorsorgeprinzip:**

**Vorteil:** Die Umwelt wird maximal geschützt.
**Nachteile:** Man weiß manchmal erst hinterher um die Umweltschäden, die ein bestimmter Stoff verursacht. Allein ist das Vorsorgeprinzip daher nicht ausreichend. Es gibt unter Umständen weniger Spielraum für Unternehmen durch starke staatliche Vorgaben und Kontrollen.

**Verursacherprinzip:**

**Vorteil:** Es klingt gerecht, dass der, der einen Schaden verursacht, dafür aufkommen muss.
**Nachteile:** Man kann z. B. beim anthropogenen Treibhauseffekt nicht genau feststellen, wer diesen verursacht hat. Es sind ja z. B. nicht nur die Unternehmen, sondern auch die Konsumenten, die die Produkte nutzen und damit den Treibhausgasausstoß erhöhen. Auch könnten die Verursacher möglicherweise in ihren gesellschaftlichen Funktionen (z. B. Schaffen von Arbeitsplätzen) eingeschränkt werden, wenn sie zu stark belangt werden.

Das würde dann zu Lasten der Allgemeinheit gehen. Die Umweltverschmutzung jedoch andererseits auch …

**Gemeinlastprinzip:**

**Vorteil:** Die Behebung des Schadens lässt sich so mit relativ geringem organisatorischen Aufwand beheben.
**Nachteil:** Für einen Schaden sollten nicht die Opfer, sondern die Täter aufkommen, damit es gerecht ist.

**2.** Ein direkter Einfluss des Verbrauchers wirkt sich auf dessen Verantwortung aus, weil es dann in der Hand des Verbrauchers liegt, den Schaden zu verhindern bzw. zu steuern. Wenn jemand z. B. ein umweltschädliches Produkt nur kauft, weil es billiger ist, setzt er so auch Maßstäbe für die Unternehmen, die dann sehen, dass es die Hauptsache ist, dass sie ihre Produkte billig anbieten. Ein direkter Einfluss des Verbrauchers liegt immer dann vor, wenn eine Kausalkette (vgl. dazu auch die Lehrerhinweise zu Kapitel 17) vom Verbraucher bis zum entstehenden Schaden erkennbar ist.

**3.** Mögliche Antworten z. B.
Verbraucher können gegen/über den anthropogenen Treibhauseffekt …

- ⊙ informieren, um andere auf das Problem aufmerksam zu machen.
- ⊙ demonstrieren, um politischen Druck auszuüben.
- ⊙ bewusst konsumieren und umweltfreundliche Produkte bevorzugen.
- ⊙ den eigenen Gebrauch von Gegenständen und Nahrung, die Treibhausgase ausstoßen oder in der Produktion ausstoßen, verringern.

## Zwei antike Glücksvorstellungen (S. 111)

**1.** Jedes Ziel (z. B. Geld verdienen) wird um eines anderen Ziels willen (z. B. Eis kaufen) gewollt. So ergibt sich eine Art Ranking unter den

# Lösungen

Zielen. Am Ende steht ein höchstes Ziel: Das Mädchen lächelt. Die beiden Strichmännchen sind glücklich. Dieses Ziel wird um seiner selbst willen gewollt, weshalb Glück(seligkeit) für Aristoteles das höchste Ziel ist.

## Gott als Ursache? (S. 114)

1. Eindruck, den der Mensch auf der Abbildung hinterlässt, z. B. verlorener, kleiner Mensch im großen Universum, unbedeutend klein und orientierungslos; Bezugnahme zur Religion: Der verlorene Mensch kennt seinen Sinn in der Welt nicht und kann die Welt nur begrenzt verstehen; er sucht nach einem Gott als fester Größe, die sinngebend und allmächtig ist; dies entspricht dem Gottesverständnis in den monotheistischen Religionen.

2. Die Antwort ist offen. Als wichtiger Aspekt sollte bei der Diskussion z. B. angesprochen werden, ob es tatsächlich zwangsläufig eine erste Ursache geben muss. Diese Annahme wird bei der Schlussfolgerung mit eingeschoben. Wenn sie wegfällt, bricht die Argumentation zusammen. Wird sie angenommen, ist die Schlussfolgerung hingegen formal logisch.

3. Vor- und Nachteile des Glaubens als Sinngebung für das eigene Leben:
   **Vorteile:** relative Sicherheit in der Sinnfrage, da es feste Gebote gibt, denen man folgen kann; es kann vor Sinnkrisen schützen, wenn man Halt im Glauben findet, der den Sinn stiftet; Probleme werden durch den Glauben an eine höhere Macht, die diese abnimmt, relativiert
   **Nachteile:** das funktioniert nicht, wenn man nicht glaubt; diese Sinngebung sieht keine Möglichkeit des Verstehens des Sinns des Lebens vor ➡ nur Gott als Ursache von allem kennt den Sinn, der Mensch ist unfähig, diesen zu verstehen; der Glaube, ohne verstehen zu können, kann gefährlich werden, wenn man der Religion blind folgt, so zeigt die Geschichte

z. B., dass im Namen Gottes viele schreckliche Kriege geführt und Verbrechen begangen wurden; falls es keinen Gott geben sollte, fällt dieser Sinn des Lebens weg

4. Glaube ist – anders als Wissen – nicht vollständig logisch greifbar. Letztendlich können Argumente und Beweisführungen daher zwar spannend sein, jemand, der anders glaubt, wird davon aber nicht abweichen, da es beim Glauben nicht um Fakten, sondern vielmehr um Gefühle und grundlegende Einstellungen geht. Weil Glaube ohne Fakten und Wissen funktioniert, steht er auch außerhalb von Widerlegungen und muss notwendig offen bleiben. Nur solange Glaube mit Toleranz behandelt wird und Andersgläubige toleriert werden, kann ein Miteinander mehrerer Glaubensrichtungen funktionieren.

## Immanuel Kant: Moral oder Pflicht? (S. 117)

1. „Pflichtgemäß" bedeutet, dass eine Handlung, die als Pflicht angesehen wird, ausgeübt wird. „Aus Pflicht" bedeutet, dass eine Handlung, die als Pflicht angesehen wird, nur deshalb ausgeübt wird, weil sie eine Pflicht ist, nicht deshalb, weil sie den Handelnden näher zu seinem persönlichen Ziel bringt.

2. „Heute Nachmittag kann ich nicht. Ich muss noch meine Hausaufgaben machen, denn ich will am Montag eine gute Note im Test bekommen."
   ➡ pflichtgemäß, da das Ziel nicht die Pflichtausübung ist, sondern die gute Note im Test

   „Ich habe dem Mörder gesagt, wo er meine beste Freundin findet. Es ist ja meine Pflicht, nicht zu lügen."
   ➡ aus Pflicht, weil kein eigenes Ziel verfolgt wird, sondern im Gegenteil etwas „Unangenehmes" in Kauf genommen wird, um die Pflicht zu erfüllen

„Gestern habe ich ein Kind aus dem See gerettet. Ich hatte meine besten Sachen an, aber man muss helfen, wenn andere in Not sind."

➡ aus Pflicht, da keine eigenen Ziele vorlagen, es sogar unangenehm war, die Pflicht zu erfüllen, und sie dennoch erfüllt wurde.

„Morgen führe ich wieder den Hund im Tierheim aus. Er hat mir das letzte Mal so leid getan, weil er so traurig geschaut hat, als ich gegangen bin.

➡ pflichtgemäß, da der Hund nicht nur ausgeführt wird, weil es eine Pflicht ist, sondern aus Mitleid heraus. Es liegt also ein persönliches Ziel vor, das Interesse, den Hund fröhlich zu machen.

**3.** Die Antwort ist offen. Beispiel für eine moralisch relevante Entscheidungssituation und deren Auslegung nach dem kategorischen Imperativ:

Müssen wir Menschen, die in Entwicklungsländern Hunger leiden, helfen?

➡ Eine allgemeine Gesetzgebung, dass Menschen einander helfen, wenn sie an Hunger leiden, wäre wünschenswert. Dass sie alle einander nicht helfen, wäre hingegen als allgemeine Gesetzgebung nicht wünschenswert. Daher ja!

**4.** Die Antwort ist offen. Wichtig wäre es, einzubeziehen, dass hiernach immer dann ein Problem entsteht, wenn zwei Maximen in Konflikt zueinander geraten, wie bei dem im Einstieg genannten Beispiel mit dem Mörder. In diesen Konfliktfällen versagt der kategorische Imperativ, weil er keine Entscheidung treffen kann.

## Sartre und der Sinn des Lebens (S. 120/121)

**3.** Weil der Mensch sich selbst bewusst ist, ist er ein „Für sich", kein „An sich". Er bestimmt sich durch sein Bewusstsein. So ist er immer das, wozu er sich macht. Er kann und muss sich immer wieder neu entwerfen. Niemand gibt ihm vor, wer er ist und was sein Sinn des Lebens ist. Er muss sich das selbst setzen. Das ist seine Freiheit.

**4.** Dadurch dass der Sinn des Lebens nicht objektiv vorgegeben wird, hat der Mensch keinen Richtungsgeber außerhalb. Es gibt keinen Wegweiser durch das Leben als den, den der Mensch zu einem solchen macht. Das Leben ist für ihn wie ein Labyrinth und erst der Weg, für den sich der Mensch entscheidet, macht ihn zu dem, der er ist.

# Medientipps

## Weiterführende Literaturvorschläge für Lehrer

*Kunzmann/Peter (u. a.):*
**dtv Atlas zur Philosophie.**
Tafeln und Texte.
dtv, 1991.
ISBN 978-3-897-084126-7

*Precht, Richard David:*
**Liebe.**
Ein unordentliches Gefühl.
Goldmann, 2008.
ISBN 978-3-442-31184-2

*Rompa, Regine:*
**Globales Lernen: Hunger in der Welt – und unsere Ernährung.**
Buchverlag Kempen, 2012.
ISBN 978-3-86740-292-7

*Rompa, Regine:*
**Globales Lernen: Tierrechte.**
Buchverlag Kempen, 2013.
ISBN 978-3-86740-462-4

*Singer, Peter:*
**Animal Liberation.**
Die Befreiung der Tiere.
Rowohlt, 1996.
ISBN 978-0-06-171130-5

## Weiterführende Literaturvorschläge für Schüler

*Cryan, Dan (u. a.):*
**Logik.**
Ein Sachcomic.
Tibiapress, 2010.
ISBN 978-3-935254-23-6

*Osborne, Richard:*
**Philosophie.**
Eine Bildergeschichte für Einsteiger.
Wilhelm Fink, 1996.
ISBN 978-3-7705-3113-4

*Rompa, Regine:*
**Leben nach der Schule.**
Ein Ratgeber zum Durchstarten. dtv Reihe Hanser, 2011. (insb. letztes Kapitel „Der Sinn des Lebens").
ISBN 978-3-423-62495-4

*Stascheit, Wilfried (u. a.):*
**Ethik.**
Ein Sachcomic.
Tibiapress, 2011.
.ISBN 978-3-935254-24-3

## Webseiten zu philosophischen Themenstellungen

www.deletaphi.de
Literaturdatenbank für Didaktik der Philosophie und Ethik

www.planet-schule.de/sf/filme-online.php?film=8607
verschiedene Filmkolumnen zu philosophischen Inhalten mit Richard David Precht für den Unterricht

www.siebertverlag.de/ZDPE/
Zeitschrift der Didaktik der Philosophie und Ethik

www.philo.de/Philosophie-Seiten/schule.htm
Texte zur Didaktik der Philosophie und Ethik

**In eigener Sache**
Die Autorin dankt für die tatkräftige Unterstützung während der Entstehung dieses Materials ganz herzlich Anton Karsten.